일생에 한 번은 재무제표를 만나라
# 스케일업 30분 회계

일생에 한 번은 재무제표를 만나라
# 스케일업 30분 회계

**초판 1쇄 인쇄** 2025년 8월 25일
**초판 3쇄 발행** 2025년 12월 12일

**지은이** 박순웅

**발행인** 백유미 조영석
**발행처** (주)라온아시아
**주소** 서울특별시 서초구 방배로 180 스파크플러스 3F

**등록** 2016년 7월 5일 제 2016-000141호
**전화** 070-7600-8230   **팩스** 070-4754-2473

**값** 19,500원
ISBN 979-11-6958-230-8 (13320)

※ 라온북은 (주)라온아시아의 퍼스널 브랜드입니다.
※ 이 책은 저작권법에 따라 보호받는 저작물이므로 무단전재 및 복제를 금합니다.
※ 잘못된 책은 구입하신 서점에서 바꾸어 드립니다.

라온북은 독자 여러분의 소중한 원고를 기다리고 있습니다. (raonbook・raonasia.co.kr)

일생에 한 번은 재무제표를 만나라

실전 사례로 배우는
재무제표 해독법

# 스케일업
# 30분 회계

*Scale-UP*

원숭이도 이해할 수 있는 재무제표 이야기,
30분 만에 독파하는 회계의 핵심
스타트업 성장통을 꿰뚫는 회계 이슈의 해결사
박순웅 멘토의 기업 회계 솔루션!

**이익은 꿈이고, 현금은 현실이다,
진짜 회계 이야기를 경청하라!**

박순웅 지음

RAON BOOK

**프롤로그**

복잡한 회계 이슈 앞에서 막막함을 느끼는
모두에게 도움이 되도록…

## • 잠시 멈추고, 재무제표를 돌아보세요

　스타트업 경영의 길은 치열한 도전의 연속입니다. 혁신적인 아이디어를 구상하고, 제품을 개발하며, 시장 반응을 확인하는 눈코 뜰 새 없이 바쁜 일상을 보내실 겁니다. 이 과정에서 마주치는 많은 것 중 "회계"와 "재무제표"는 여러분을 주춤하게 만들 수 있습니다. '나는 잘 모르니까', '맡기면 잘 해줄 거야'라는 생각으로 이 중요한 부분을 방치하기도 하지요.

　회계는 단순히 숫자를 기록하는 업무가 아닙니다. 회사의 과거와 현재의 모습을 비춰주는 거울이자, 미래를 이야기하는 중요한 언어입니다. 회계는 마치 우리 몸의 건강검진과 같아서, 스스로 들여다보고 살피지 않으면 병을 키우게 됩니다. 여러분이 회계에 대한 막연한 두려움을 해소하고, 다른 누군가가 아닌 스스로 기업의 진짜 모습을 볼 수 있는 지혜와 용기를 드리고자 이 책을 집필하게 되었습니다. 이제는 경영자가 한 번쯤 재무제표를 돌아볼 순간입니다.

이 책은 회계 지식이 필요한 모든 스타트업 경영자를 위한 것입니다. 회계에 대해 전혀 모르는 초보자부터, 기본적인 내용은 알고 있지만 복잡한 회계 이슈 앞에서 막막

함을 느끼는 독자까지 모두에게 도움이 되도록 구성했습니다.

20여 년을 회계와 함께해 온 저조차도 회계는 쉽지 않다고 느낍니다. 회계기준은 계속 변경되고, 수많은 거래를 회계라는 경영의 언어로 옮기는 과정에서 다양한 회계 이슈가 발생하기 때문입니다. 하지만 여러분이 머리 아프게 회계 공부에 파고들거나 복잡한 회계 지식을 연구할 필요는 없습니다. 모든 것을 다 알아야 할 필요도 없습니다. 그것은 전문가인 저희의 몫입니다. 이 책은 바쁜 시간을 쪼개어 공부하는 여러분들을 위해 회계와 재무제표의 핵심 원리를 쉽고 명확하게 전달하고자 노력했습니다.

## • 멈추면 비로소 보이는 것들

이 책을 통해 여러분은 회사의 재무제표를 스스로 살펴보고, 숨겨진 의미를 파악하는 흥미로운 여정을 시작하게 될 것입니다.

### 회계 기본기

먼저, 회계 기본 개념을 알아야 합니다. 모든 복잡한 회계 이슈의 출발점은 바로 기초에 있기 때문입니다. 이 책은 손익계산서와 재무상태표의 의미와 구성 형태는 물론, 각 항목과 숫자가 말하는 바를 이해할 수 있도록 구성했습니다. 재무제표가 탄생하는 복식부기라는 단순하면서도 심오한 과정도 담겨 있습니다. 10분이면 충분한 재무제표 작성 실습도 경험할 수 있고, 나아가 실제 사례를 통해 여러분 스스로 재무제표를 읽는 힘을 길러줍니다.

한 번쯤 들어보았을 자본잠식 등의 개념을 이해하고, 투자유치 형태에 따라 회사의 재무제표가 어떻게 변화되는지 재무제표가 들려주는 다양한 이야기에 귀 기울일 수 있게 될 것입니다. 이러한 기본 지식을 바탕으로 다음 단계인 '회계 성장통'을 살펴봅니다.

### 스케일업 회계 성장통

다음으로, 재무제표에 남겨진 흔적을 살펴보고 미래를 대비하는 과정입니다.

생존을 위해 힘겹게 달려온 과정에서 재무제표는 지금 어떤 모습을 하고 있을지를 살펴보는 것이 좋습니다. 지금은 설립 초기부터 조금씩 쌓아온 회계 오류들은 무엇이 있을지를 점검해 볼 좋은 기회입니다. 비용으로 가야 할 항목들이 다양한 자산의 이름표를 달고 재무상태표에 남겨진 항목들이 대표적입니다. 언젠가는 비용으로 반영되어야 할 폭탄과도 같은 숨겨진 지뢰를 찾아볼 수 있습니다. 손익계산서가 말하는 매출은 회계기준에 맞게 반영되어 있는지, 미래에 지출되어야 할 부채 중에 재무제표에 표시되지 않은 항목을 찾아봐야 하고, 다양한 자금조달 수단에 따라 복잡하게 변화하는 재무제표의 영향과 발생할 수도 있는 회계 오류도 예상해야 합니다. 이러한 문제들은 투자 유치나 IPO 과정에서 발목을 잡게 되기 때문입니다.

이 항목들을 '스케일업 회계 성장통'으로 표현할 수 있습니다. 이는 아이가 성장하며 겪는 성장통과는 달리, 초기에 발견하고 수정하지 않으면 회사가 커질수록 더 큰 고통으로 이어집니다. 이 책은 기업이 성장 단계에서 투자를 위한 재무실사, 회계감사를 받을 때 실제로 발생하는 대부분의 회계 이슈와 오류를 포함했습니다. 이 책을 통해 기업이 생존을 넘어 다음 단계로 가는 길목에서 발생하는 회계 성장통을 점검하고 대비할 수 있을 것입니다.

지금까지 쉼 없이 달려온 스타트업 경영자라면 잠시 멈추고 재무제표를 마주하세요. 재무제표를 더 이상 '회계 담당자'나 '외부 전문가'에게만 맡겨두어서는 안 됩니다.

자산과 부채, 수익과 비용들이 들려주는 다양한 이야기를 들어보세요. 지금까지 치열했던 경영의 성적표, 열정과 꿈의 기록인 재무제표는 제대로 작성되고 있는지, 숨겨진 회계 성장통은 없는지, 그리고 다음 단계로 나아가기 위해 무엇을 바로 잡아야 할지 스스로 판단해 보세요.

이 책이 여러분의 잠시 멈춤과 눈부신 여정을 함께 하며, 힘차게 응원합니다!

박순웅

## 차 례

**프롤로그** 복잡한 회계 이슈 앞에서 막막함을 느끼는 • 004
모두에게 도움이 되도록…

# Part.1

## 일생에 한 번은 재무제표를 만나라 1

- ◆ 원숭이도 이해하는 재무제표 • 017
- ◆ 재무제표 파헤치기 : 손익계산서(1) • 025
- ◆ 수익과 비용의 드라마 : 손익계산서(2) • 032
- ◆ 재무제표 파헤치기 : 재무상태표 • 040
- ◆ 혼자서도 가능한 재무제표 해독하기 : 실습(1) • 049
- ◆ 5분 안에 완성하는 재무제표 해독하기 : 실습(2) • 058

# Part.2

## 일생에 한 번은 재무제표를 만나라 2

- ◆ 재무상태표의 또 다른 가족 : 자본 · 069
- ◆ 재무상태표의 마지막 퍼즐 완성하기 : 실습(3) · 076
- ◆ 자본조달, 재무제표 스토리를 시작하다 · 083
- ◆ 새로운 메뉴의 등장 : 전환사채(1) · 090
- ◆ 다양한 시나리오로 기록되는 재무제표 : 전환사채(2) · 096
- ◆ 세 가지 맛의 스페셜 메뉴 : 상환전환우선주 · 102
- ◆ 재무제표 학습정리 : First Wrap-up · 109

# Part.3

## 스케일업 회계성장통 1

- ◆ 왼쪽과 오른쪽에 숨겨진 재무제표 출생의 비밀 · 121
- ◆ 모솔 탈출을 위한 재무제표의 비밀 · 129
- ◆ 지우개로 이해하는 회계이슈의 본질 · 134
- ◆ 스케일업 회계성장통 : 개발비(1) · 140
- ◆ 스케일업 회계성장통 : 개발비(2) · 146
- ◆ 스케일업 회계성장통 : 지우개와 감가상각(1) · 153
- ◆ 스케일업 회계성장통 : 지우개와 감가상각(2) · 160
- ◆ 스케일업 회계성장통 : 재고자산 · 165
- ◆ 스케일업 회계성장통 : 매출채권 · 174
- ◆ 스케일업 회계성장통 : 지뢰찾기 폭탄게임 · 181

# Part.4

# 스케일업 회계성장통 2

- ◆ 스케일업 회계성장통
  : 우리 회사의 진짜 매출은 얼마일까? · 191
- ◆ 스케일업 회계성장통
  : 수익인식을 위한 주연과 조연을 가려라 · 198
- ◆ 스케일업 회계성장통 : 정부지원금 · 204
- ◆ 스케일업 회계성장통 : 숨겨진 지우개 값 · 210
- ◆ 스케일업 회계성장통
  : 멘붕을 가져오는 메자닌 회계처리 · 216
- ◆ 스케일업 회계성장통
  : 이익은 꿈이고 현금은 현실이다 · 222
- ◆ 재무제표 학습정리 : Final Wrap-up · 228

# Part. 1

일생에 한 번은 재무제표를 만나라 1

# 원숭이도 이해하는 재무제표

 창업의 길목에서 필연적으로 마주치는 많은 것 중 회계와 재무제표가 있습니다. 일단 머리부터 아플 수 있겠네요. 충분히 이해됩니다. 회계와 20년을 함께 해 온 저도 회계는 여전히 어려운 것이 사실입니다. 회계를 생각하면 잠시 저의 과거가 떠오르네요. 대학 입시를 앞둔 고3 시절, 담임 선생님과의 입시 상담을 하던 순간입니다.

 "무슨 학교, 학과 가고 싶어?"

 엄숙한 분위기에서 담임 선생님의 질문에 저는 별생각 없이 대답한 것으로 기억됩니다.

 "회계학과요."

 저는 그 당시 회계가 무엇인지도 모르는 상태였기에 왜

회계학과라는 단어를 답했는지 아직도 알 수 없습니다. 아마도 회계학과라는 곳으로 진학하면 먹고사는 데는 큰 문제가 없을 것으로 생각한 듯합니다. 평범한 중산층 가정에서 자라온 어린 학생의 소탈한 미래를 꿈꾸는 작은 소망이 반영된 답이었다고 생각되네요.

서론이 길었습니다. 그래서 회계는, 재무제표는 도대체 무엇이라는 말인가요? 이에 대한 답을 찾기 위해 저의 과거를 좀 더 떠올려 보아야겠습니다. 힘들게 진학한 회계학과에서 저는 회계사 시험 준비를 했습니다. 회계학과에서 회계사 시험은 누워서 떡 먹기라 생각했지요. 인생 일대 큰 오산이었습니다.

이런저런 이유로 일반적인 수험기간의 2배 이상 시간이 걸렸습니다. 마치 도(道)를 닦는 수도승과도 같이 장수생의 길을 걷고 말았습니다. 회계를 만만히 여긴 혹독한 대가였지요. 가장 아쉬운 것은 20대 대부분을 모태 솔로로 지내게 되었다는 것입니다.

### • 우황청심환으로 시작하는 재무제표

기회는 왔습니다. 늦었지만 회계사 시험에 합격 후 드

디어 꿈에 그리던 소개팅을 하게 된 순간입니다. 기쁨도 잠시, 심각한 문제가 시작되었네요. 오랜 므태 솔로 생활의 후유증이랄까요. 심장이 두근거려 잠을 잘 수가 없습니다. 마음의 안정이 필요한 순간, 우황청심환을 먹고 잠을 청하고서야 날이 밝았습니다. 주머니 속 우황청심환이라는 든든한 지원군과 함께 결전의 장소로 향하던 순간이 떠오릅니다.

여러분들이 관심 없을 저에 관한 이야기는 그만하기로 하겠습니다. 이제 본론으로 들어가 보아야겠네요. 소개팅 장소에서 청춘 남녀는 어떤 대화를 하게 될까요? "취미는 무엇인가요?" 영화 대사에 나오는 표현을 빌리자면 "니 아부지 뭐 하시노?" 이런 대화들이 있을 것 같습니다. 우리는 지금 회계를 논하고 있으니 회계적인 질문 두 가지가 필요합니다.

**Q1** : "당신은 얼마를 버나요?"
**Q2** : "지금 당신이 가진 재산은 얼마인가요"

어려운 회계를 살펴보기 전에 답을 도출해 보겠습니다. 이를 위해 가상의 청춘남녀 영수와 영자를 가정합니다. 신

입사원 영수는 지난 2024년 1년간 월급 200만 원을 벌고 생활비로 100만 원을 지출했습니다. 월급에서 생활비로 지출하고 남은 100만 원은 매월 적금으로 냈네요. 1년을 기준으로 생각해 보면 2,400만 원을 벌고 1,200만 원을 지출한 것입니다. 적금 통장 잔액 1,200만 원이 남았습니다.

영수는 집은 없어도 차는 있어야 한다는 생각으로 자동차를 3,000만 원에 구매했습니다. 무슨 돈이냐고요? 월급에서 생활비를 지출하고 남은 돈은 모두 적금으로 납입했으니, 돈이 없습니다. 든든한 은행이 있었네요. 은행에서 3,000만 원을 빌려와서 자동차를 구입한 것입니다.

이제 우리는 두 가지 질문에 답을 할 수 있습니다. 첫 번째 질문이 무엇이었나요?

"당신은 얼마를 버나요?" 질문을 조금 더 분석해 보면 "당신이 일정 기간(일반적으로 1년에) 버는 연봉이 얼마인가요? 그리고 어느 정도를 지출해서 얼마나 남나요?"로 이해할 수 있습니다. 쉽게 생각하면 "1년 동안 번 돈과 쓴 돈이 얼마인가요?"로 생각하면 될 것 같네요. "영수가 1년 동안 번 돈은 2,400만 원, 쓴 돈은 1,200만 원입니다." 답이 너무 쉬운가요?

두 번째 질문은 "지금 당신이 가진 재산은 얼마인가요"

입니다. 답을 생각해 보면, 영수에게는 잔액 1,200만 원 적금 통장이 있습니다. 또 있네요. 자동차 3,000만 원입니다. 적금 통장과 자동차 모두 영수 명의로 되어 있어 영수의 재산이 확실합니다. 생각을 조금 확장할 필요가 있습니다. 아쉽지만 은행에 갚아야 할 돈 3,000만 원이 있습니다. 이를 표현해 보면 "영수가 현재 가진 재산은 적금 1,200만 원과 자동차 3,000만 원 합계 4,200만 원입니다. 그리고 은행에 갚아야 할 돈 3,000만 원이 있어 순재산은 1,200만 원입니다."

이제 답을 메모지에 작성해 보면 아래와 같이 표시됩니다.

| 첫 번째 답 | 두 번째 답 |
|---|---|
| • **번 돈**: 월 급 200 x 12 = 2,400만 원<br>• **쓴 돈**: 생활비 100 x 12 = 1,200만 원<br>• **남은 돈**: 번 돈 - 쓴 돈 = 1,200만 원 | • **재산**: 적금 1,200 + 자동차 3,000 = 4,200만 원<br>• **갚을 돈**: 은행에서 빌려온 돈 3,000만 원<br>• **순재산**: 전처 재산 - 갚을 돈 = 1,200만 원 |

## ▎• 손익계산서와 재무상태표

우리는 어려운 회계를 접하기 전에 이미 재무제표를 작성했습니다. 회계가 이렇게 쉬운 것이었다니 허탈할 수도 있습니다. 메모지에 작성한 두 가지 질문에 대한 답이 바로 재무제표입니다. 무슨 말이냐고요?

"당신은 얼마를 버나요?" 첫 번째 질문에 대한 답이 회계에서 표현하는 손익계산서입니다. 손익계산서는 얼마를 벌고 얼마를 지출했는지를 보여줍니다. 회계에서는 일정 기간 번 돈을 수익이라 하고 쓴 돈을 비용이라 표현합니다. 번 돈은 수익, 쓴 돈은 비용이라 생각하면 됩니다. 수익에서 비용을 차감하고 남은 돈을 이익으로 표현합니다. 회계적으로 표현하자면, 손익계산서는 일정 기간의 경영 성과를 나타내는 보고서라고 할 수 있겠네요.

"지금 가진 재산은 얼마인가요?" 두 번째 질문에 대한 답을 재무상태표에 표시합니다. 재무상태표는 일정 시점의 재산 상태를 나타내는 보고서입니다. 회계에서는 전체 재산을 자산이라 하고 남에게 갚아야 할 돈을 부채라고 표현합니다. 전체 재산은 자산, 갚을 돈은 부채입니다. 전체 재산인 자산에서 갚아야 할 부채를 차감한 순재산을 자본이라 부릅니다.

메모지에 작성된 영수의 답을 회계적으로 표현해 보겠습니다.

| 손익계산서 | | | 재무상태표 | | |
|---|---|---|---|---|---|
| 2024.1.1~2024.12.31 | | (단위:만원) | 2024.12.31 현재 | | (단위:만원) |
| 수익 | | 월급 2,400 | 자산 | | 적금 1,200 |
| | | | | | 자동차 3,000 |
| (-) 비용 | | 생활비 1,200 | | | **4,200** |
| | | | (-) 부채 | | 대출금 3,000 |
| 이익 | | 1,200 | 자본 | | 1,200 |

어려운 재무제표 개념을 이해했으니, 저의 청춘 시절로 잠시 돌아가 보겠습니다. 우황청심환의 힘을 빌려 모태 솔로 탈출을 위한 결전을 치렀습니다. 아쉽지만 결과는 실패로 돌아갔지요. 그래도 고3 시절 어린 학생의 꿈은 늦게나마 이루어졌습니다. 회계학과에 진학하고 회계사 시험에도 합격했으니 말이죠. 무엇보다 이렇게 여러분들에게 감히 회계에 대해 논하고 있으니 더 멋진 꿈을 이룬 것 같습니다.

내용을 정리해 보겠습니다. 손익계산서는 일정 기간 번 돈과 쓴 돈을 보여줍니다. 재무상태표는 일정 시점의 전체 재산과 갚아야 할 돈을 보여줍니다. 회계에서 번 돈을 수익, 쓴 돈을 비용이라 합니다. 번 돈인 수익에서 쓴 돈인 비용을 차감하면 남은 돈을 이익이라 합니다. 번 돈보다 쓴 돈이 많다면 손실이라 합니다. 회계에서 전체 재산을 자산, 갚을 돈을 부채라고 합니다. 전체 재산인 자산에서 갚을 돈인 부채를 차감한 순재산이 자본입니다.

다시 한번 요약하자면, "손익계산서는 수익과 비용을, 재무상태표는 자산과 부채를 보여준다."입니다. 이것만 기억하세요.

| 재무제표 | | |
|---|---|---|
| 손익계산서<br>(얼마 벌고 얼마 쓰나요?) | ⇨ | 재무상태표<br>(지금 재산은 얼마인가요?) |
| 번 돈 (= 수익)<br>(-) 쓴 돈 (= 비용) | | 전체 재산 (= 자산)<br>(-) 갚을 돈 (= 부채) |
| 남은 돈 (= 이익 또는 손실) | | 순 재산( = 자본) |

# 재무제표 파헤치기
## : 손익계산서(1)

두 가지 질문 중 어느 것이 더 중요할까요? 답은 없습니다. 사람마다 다를 수 있으니까요. 누군가는 상대방이 무엇을 하는 사람인지, 얼마를 버는 사람인지를 중요하게 생각할 수 있습니다. 또 어떤 사람에게는 상대방이 현재 가진 재산이 얼마인지가 더 중요한 관심사일 수도 있겠습니다. 여러분은 어떠신가요? 저는 재무제표를 볼 때 손익계산서를 먼저 보는 편입니다. 이 회사가 무엇을 하는 회사인지? 본연의 사업 목적으로 수익을 달성하고 있는지를 먼저 궁금해하는 경향이 있습니다.

| | |
|---|---|
| 손익계산서 | 질문의 순서대로 먼저 손익계산서에 대해 살펴보시죠. 손익계산서는 번 돈인 수익과 쓴 돈인 비용을 보여준다고 했습니다. 손익계산서 형태는 수익에서 비용을 차감하는 형태로 표현됩니다 |
| 수익 | |
| (-) 비용 | |
| = 이익 | |

### • 무엇을 하는 회사인가

　수익은 영업수익과 영업외수익으로 구분할 수 있습니다.

　영업수익을 매출이라고 합니다. 기업 본연의 영업활동을 통해 획득한 수익이 영업수익, 즉 매출입니다. 무엇을 하는 회사인가를 생각해 보면 됩니다. 물건을 만들어 파는 제조업이라면 제품을 팔아 획득한 제품매출이 영업수익입니다. 물건을 사 와서 파는 회사라면 상품매출이, 서비스를 제공하는 회사라면 서비스매출 또는 용역매출이 영업수익이 됩니다. 기업 본연의 영업활동을 통해 획득한 수익이 영업수익, 즉 매출입니다.

　영업외수익은 무엇일까요? 말 그대로 기업 본연의 영업활동 이외로부터 획득한 수익입니다. 제조업을 영위하는 회사가 은행예금으로부터 받은 이자수익은 영업외수익입니다. 회사가 여유자금으로 주식 투자를 한 경우 주가가 상승해서 얻게 되는 주식평가이익 또는 주식을 팔아서 획득하는 주식처분이익 또한 영업외수익입니다. 회사가 보유하던 토지나 건물을 팔아서 처분이익이 발생했다면 역시 영업외수익으로 분류됩니다.

만약 금융업을 영위하는 회사라면? 답은 달라집니다. 이자수익, 주식평가이익, 처분이익이 영업수익입니다. 부동산 매매를 영위하는 회사는 토지나 건물 처분이익이 영업수익입니다. 정답은 질문에 달려 있습니다. 여러분 회사는 무엇을 하는 회사인가요? 우리 회사의 영업수익과 영업외수익은 무엇인지 재무제표를 한 번 확인해 보세요.

비용은 쓴 돈이라고 했습니다. 돈을 벌기 위해서 지출된 돈입니다. 회계에서는 비용을 경제적 자원의 유출이라고 표현합니다. 수익을 영업수익과 영업외수익으로 구분한 것과 같이 비용도 영업비용과 영업외비용으로 구분합니다.

영업비용은 영업수익 창출을 위해 지출된 비용입니다. 매출에 대응하는 비용이라 생각하면 되겠습니다. 돈을 벌기 위해서는 돈이 필요하니까요. 제품을 만들기 위해서는 재료를 사 와야 하고, 이를 제조하는 직원에 대한 급여와

조립 등을 위한 가공비 등이 지출됩니다. 물품을 사 와서 팔기 위해서도 돈을 주고 물건을 사 와야 합니다. 재료비, 노무비, 가공비, 물건 구매비용이 대표적인 영업비용입니다. 영업비용에 더 많은 항목이 있습니다. 기업을 운영하는 경영자라면 마음속 깊이 느끼실 것 같네요. 관리 직원 급여, 4대 보험, 복리후생비, 사무실 임차료, 세금, 소모품비 등 다양한 비용이 발생합니다. 이 항목들은 모두 영업수익 창출을 위해 발생하는 영업비용에 속합니다.

영업외비용은 영업외수익과 같이 생각해 보면 됩니다. 은행에서 빌려온 돈에 대해 지출하는 이자비용, 회사 여유자금으로 투자한 주식에서 발생하는 주식평가손실, 주식처분손실, 유형자산처분손실 등이 영업외비용입니다.

## • 이익에도 종류가 있다

| 영업수익(매출) |
|---|
| (-) 영업비용 |
| **= 영업이익** |
| (+/-) 영업외수익/비용 |
| **= 당기순이익** |

다시 손익계산서 정의로 돌아가 보겠습니다. 손익계산서는 수익에서 비용을 차감한 이익을 보여준다고 했죠. 그런데 수익과 비용을 각각 영업수익과 영업외수익, 영업비용과 영업외비용으로 구분한다고 했습니다.

수익과 비용을 영업과 영업외 항목으로 구분했으니, 이익도 이에 따라서 구분이 됩니다. 영업수익에서 영업비용을 차감한 이익을 영업이익이라고 합니다. 영업이익에서 영업외수익을 더하고 영업외비용을 차감한 이익을 당기순이익이라고 합니다. 어떤 이익이 중요할까요? 이 또한 정답은 없습니다. 일반적으로 최종적인 이익에 속하는 당기순이익이 중요한 지표라고 생각할 수 있지만, 저는 영업이익이 더 중요하다고 말하고 싶습니다. 무엇을 하는 회사인가라는 관점에서입니다. 영업이익은 기업 본연의 목적으로부터 달성하는 성적표이기 때문입니다. 영업이익이 기업가치에 큰 영향을 미치게 됩니다. 재무제표를 들여다볼 때 영업이익과 당기순이익을 모두 눈여겨 볼 필요가 있습니다. 큰 금액의 당기순이익을 달성한 회사도 일시적인 거액의 영업외수익이 발생한 결과일 수도 있으니까요.

한 걸음만 더 나아가 보겠습니다. 영업비용을 업종에 따라 매출원가와 판매관리비로 나눌 수도 있습니다. '매출원가'는 매출 창출을 위해 직접 지출되는 비용으로 제품 제조를 위한 원재료 구매비용과 인건비, 상품 구매비용, 외부업체 지급비용 등입니다. '판매관리비'는 관리부서 인건비, 복리후생비, 임차료 등으로 구성됩니다. 참고로 서비스 업종 등은 매출원가와 판매관리비를 구분하지 않고 영업비용으로만 표시하기도 합니다.

살펴본 내용을 다음과 같이 정리할 수 있겠습니다.

### 수익 구분

| 수익 구분 | 주요 항목 |
|---|---|
| 영업수익(매출) | 주된 영업활동에서 발생하는 제품, 상품, 용역 등 매출액 |
| 영업외수익 | 이자수익, 유형자산처분이익, 주식처분이익, 주식평가이익 |

### 비용 구분

| 비용 구분 | | 주요 항목 |
|---|---|---|
| 영업비용 | 매출원가 | 원재료 구매비용, 제조인건비, 상품 매입비용, 외주제조가공비 등 |
| | 판매관리비 | 관리부서 인건비, 임차료, 판매수수료 등 |
| 영업외비용 | | 이자비용, 주식평가손실/처분손실, 유형자산처분손실 등 |

수익을 영업수익과 영업외수익으로 구분했고, 비용을 영업비용과 영업외비용으로 구분했습니다. 이에 따라 이익을 영업이익과 당기순이익으로 구분했지요. 아직 하나가 남았습니다. 영업비용을 매출원가와 판매관리비로 구분했으니, 왠지 이익의 종류가 하나 더 생겨야 할 것 같습니다. 무엇일까요? 오늘은 여기까지 하고 숙제가 있습니

다. 우리 회사 재무제표 영업수익과 영업외수익은 무엇인지, 영업비용과 영업외비용은 어떤 항목이 있을지, 영업비용은 매출원가와 판매관리비로 구분되고 있는지를 생각해 보세요. 그리고 재무제표에서 직접 확인해 브세요.

이제 우리는 손익계산서의 모든 퍼즐을 닻출 준비가 되었습니다. 다음 장에서는 수익과 비용의 구분과 이로부터 도출되는 이익이 무엇을 의미하고, 어떤 차이를 가지는지 더 깊이 있게 살펴보겠습니다.

## 수익과 비용의 드라마
## : 손익계산서(2)

 역시 회계는 쉽지 않나요? 번 돈과 쓴 돈인 수익과 비용을 보여주는 것이 손익계산서라는 것까지는 쉽게 이해할 수 있었는데, 수익과 비용을 영업과 영업 외로 구분하고 비용을 또 매출원가와 제조원가로 구분한다니. 뭔가 복잡하네요. 포기하지 마세요. 질문을 던져보면 됩니다. 왜 이렇게 하는 것일까요?

 가장 중요한 재무제표의 본질을 생각하지 않았네요. 재무제표의 목적은 무엇일까요? 정답부터 말씀드리면, 정보의 전달입니다. 회사 내부 정보인 재무 상태(자산과 부채)와 경영 성과(수익과 비용)를 누군가에게 보여주는 것이죠. 누군가가 중요합니다. 정보 이용자입니다. 우리 회사 재무제표 정보이용자는 누구인가요? 이들이 없다면 재무제표를 만들 이유조차 없어질 테니까요.

재무제표 첫 번째 정보 이용자는 국세청입니다. 세금신고를 위해 재무제표 작성이 필수적이죠. 보증기관과 금융기관도 있네요. 이 기관들도 보증과 대출 심사를 위해 재무제표를 요청하니까요. 투자유치를 고려할 때 잠재 투자자도 있고 투자유치 이후에도 투자자들은 재무제표를 요구합니다. 또 누가 있을지 생각해 보세요. 결론은 재무제표는 정보 이용자에게 정보를 제공한다고 것인데, 정보 이용자 관점에서 "유용한 정보"를 제공해야 한다는 점이에요.

다시 손익계산서로 돌아가 보시죠. 수익을 영업수익과 영업외수익으로 구분했고, 비용을 영업비용과 영업외비용으로 구분했습니다. 이에 따라 이익을 영업이익과 당기순이익으로 구분했지요. 아직 하나가 남았다고 했습니다. 영업비용을 매출원가와 판매관리비로 구분했으니, 매출총이익이라는 이익의 종류가 하나 더 탄생합니다.

| 영업수익(매출) | 영업수익(매출)에서 영업비용 중 매출원가를 차감한 이익을 매출총이익이라 합니다. 매출총이익에서 영업비용 중 판매관리비를 차감한 이익을 영업이익으로 표시합니다. 영업비용을 매출원가와 판매관리비로 구분하면 영업이익을 보여주기 이전 단계에 매출총이익이라는 이익이 추가로 등장하게 됩니다. |
|---|---|
| (-) 매출원가 | |
| **= 매출총이익** | |
| (-) 판매관리비 | |
| **= 영업이익** | |
| (+/-) 영업외수익/비용 | |
| **= 당기순이익** | |

사례를 통해 살펴보는 것이 좋을 듯하네요. 잠재 투자자가 제조업을 영위하는 a사 손익계산서를 요청해 왔습니다. a사는 손익계산서를 어떻게 작성해서 제출해야 할까요? a사 대표가 되어 작성해 보세요.

### 손익계산서 사례 (단위: 만 원)

- **수익**: 1,000 (영업수익: 제품매출 700, 영업외수익: 정부지원금 300)
- **비용**: 800 (영업비용: 매출원가 500, 판매관리비 100, 영업외비용: 주식처분손실 200)
- **이익(수익-비용)** = 200

1년 성적표를 살펴보면 수익은 1,000만 원, 비용은 800만 원이네요. 답이 쉬워 보입니다. 손익계산서는 수익과 비용을 보여준다고 했으니 "우리 회사 수익은 1,000만 원, 비용은 800만 원, 이익은 200만 원입니다. 손익계산서 1

로 표현됩니다.

  수익과 비용을 조금 더 보도록 하세요. a사는 제조업을 영위하므로 수익 1,000만 원 중 제품매출 700만 원이 기업 본연의 목적에서 발생한 영업수익, 즉 매출입니다. 일시적으로 발생한 정부지원금 300만 원은 영업외수익으로 구분됩니다. 비용을 보면 전체 비용 800만 원 중 매출원가와 판매관리비를 합한 600만 원이 영업비용이고, 여유자금으로 투자했던 주식에서 발생한 처분손실 200만 원은 영업외비용입니다. 그렇다면 다음과 같이 답할 수도 있겠네요. 우리 회사는 매출 700만 원, 영업비용 600만 원으로 영업이익은 100만 원입니다. 일시적으로 발생한 정부지원금 수익 300만 원과 주식처분손실 200만 원을 가감해서 당기순이익 200만 원을 달성했습니다. 손익계산서 2로 표시됩니다.

  세 번째 답을 찾아보시죠. 두 번째 설명에 더해 "영업비용 600만 원은 제품을 만드는데 소요되는 제조원가 500만 원과 회사 운영비용 등 판매관리비 100만 원으로 구성됩니다. 매출 700만 원에서 제조원가 500만 원을 차감한 매출총이익은 200만 원이고, 판매관리비 100만 원을 차감해서 영업이익은 100만 원입니다." 손익계산서 3이 되겠네요.

세 번째로 갈수록 조금 더 자세한 답이 된 느낌이 들지 않으신가요? 입장 바꿔 생각해 볼 필요가 있습니다. 지금까지는 열심히 재무제표를 만드는 정보 제공자였는데 정보 이용자가 되어 보는 겁니다. 손익계산서 1을 보면 이익이 200만 원이지만, 손익계산서 2를 통해 기업 본연의 영업이익은 100만 원이라는 정보를 얻을 수 있지요. 여기에 더해 손익계산서 3에서는 영업비용을 제조원가와 판매관리비로 구분하여 더 자세한 정보를 얻을 수 있게 됩니다.

손익계산서 3을 보면, 영업 목적에서 달성한 매출액과 이 제품을 만드는데 소요되는 원가는 어느 정도 수준인지를 알 수 있고 판매관리비까지 고려했을 때 영업이익 수준을 파악할 수 있죠. 투자에 관심이 있다면 회사 측에 매출원가와 판매관리비 세부 항목을 요청할 수도 있습니다. 현재 영업비용 구성항목을 파악하고 절감 가능 항목은 있을지, 미래 매출이 증가할 때 관련 매출원가와 판매관리비 수준은 어느 정도 될지를 판단하게 됩니다.

이처럼 재무제표는 정보이용자 관점에서 유용한 정보를 제공하는 수단이라고 생각하면 좋겠습니다.

### 손익계산서 예시

| 손익계산서 1 | | 손익계산서 2 | | 손익계산서 3 | | |
|---|---|---|---|---|---|---|
| 수익 | 1,000 | 영업수익 | 700 | 매출 | 700 | |
| 비용 | (-) 800 | 영업비용 | (-) 600 | 매출원가 | (-) 500 | 매출원가율 71% |
| **이익** | **200** | **영업이익** | **100** | **매출총이익** | **200** | 매출총이익율 29% |
| | | 영업외수익 | (+) 300 | 판매관리비 | (-) 100 | |
| | | 영업외비용 | (-) 200 | **영업이익** | **100** | 영업이익율 14% |
| | | **당기순이익** | **200** | 영업외수익 | (+) 300 | |
| | | | | 영업외비용 | (-) 200 | |
| | | | | **당기순이익** | **200** | |

    손익계산서에서 산출되는 몇 가지 비율을 알아 둘 필요가 있습니다. 손익계산서 3에서 매출액 700만 원 대비 매출원가 500만 원의 비율을 매출원가율이라 표현합니다. 매출원가율= 매출원가 500만 원 나누기 매출 700만 원 = 71%로 산출됩니다. 제품을 판매하는데 원가가 71% 소요된다는 의미로 해석하면 됩니다. 나머지 29%가 남는다고 해석할 수 있는데, 이것이 매출총이익율입니다. 매출총이익율 = 매출총이익 200만 원 나누기 매출 700만 원 = 29%로 산출할 수 있고, 산수로 생각해 보면 100%에서 매출원가율 71%를 차감해서도 산출됩니다. 매출총이익율은 제품이나 상품 자체를 팔아서 얻은 순수한 이익 수준을 보여주는 중요한 지표입니다.

    마지막으로 매출액 700만 원 대비 영업이익 100만 원의 비율을 영업이익율이라고 합니다. 추측하셨겠지만, 영업이익율 = 영업이익 100만 원 나누기 매출액 700만 원 = 14%로 계산되지요. 영업이익율은 우리 회사가 본업으로 달성한 성과를 나타내는 핵심 지표입니다.

사업계획 발표 자리에서 "우리 회사는 우수한 기술력으로 3년 후 매출액 1,000억 원을 달성할 수 있습니다."라는 발표자 내용에 대한 아래와 같은 심사자의 질문에 발표자가 대답을 망설이는 경우를 종종 보았습니다.

"그 매출을 달성하는데 원가율은 어느 정도 예상되나요?"

"그 매출을 달성할 때 목표로 하는 영업이익율은 몇 % 수준인가요?"

"우리 회사는 100만 원어치 팔면, 제품을 만드는 데 71만 원이 들고, 최종적으로 14만 원의 영업이익을 남깁니다."라고 이제는 답할 수 있기를 바랍니다.

소개팅에서 나온 첫 번째 질문에 대한 답을 조금 더 파헤쳐 보았네요. 무엇을 하는 회사인가? 매출 항목이 어떤 것인지, 영업비용은 어떻게 구성되어 있는지, 매출총이익과 영업이익은 얼마인지? 영업외수익과 영업외비용에는 어떤 항목이 있는지, 최종 당기순이익은 어느 정도인지. 질문을 확대해서 답을 찾아보면 좋겠습니다. 손익계산서는 수익과 비용이 펼치는 한 편의 드라마와도 같습니다. 우리 회사의 재무제표 또는 관심 있는 기업의 재무제표를 펼쳐 놓고 질문과 답을 찾아보며 감상해 보세요.

# 재무제표 파헤치기
## : 재무상태표

첫 번째 질문 손익계산서를 파헤쳐 보았습니다. 두 번째 질문에 대한 답, 재무상태표 차례입니다. 재무상태표에는 무엇이 표시된다고 했나요? 질문을 다시 생각해 보면 되겠습니다. "당신이 지금 가진 재산은 얼마인가요?" 재무상태표는 다음과 같이 답합니다. "지금 전체 재산과 남에게 갚아야 할 금액은 얼마입니다." 전체 재산은 자산, 갚아야 할 돈은 부채, 자산에서 부채를 차감한 순재산이 자본입니다.

## • 돈 되는 것은 무엇이 있나?

자산을 먼저 살펴보겠습니다. 자산은 경제적 가치 있는 재산입니다. 한 마디로 돈이 되는 것이죠. 회계는 자산을 미래 경제적 효익이라고 표현합니다. 가지고 있으면 경제적 효익, 돈을 가져다주는 가치 있는 대상이 자산입니다. 자산에는 무엇이 있을까요? 주위를 한 번 둘러보세요. 돈 되는 것들이 보이시나요? 아마도 실내에 있다면 이 건물 돈 좀 될 것 같네요. 도로를 달리는 자동차도 있습니다. 제 앞에 보이는 노트북 컴퓨터도 가치 있는 재산입니다. 통장 예금잔고는 무엇보다 가치 있는 재산이네요. 주식 투자를 한다면 각자가 보유한 주식 가치만큼 돈이 될 것입니다.

기업 입장에서 생각해 보겠습니다. 금고에 보관 중인 현금, 은행에 예치한 보통예금과 정기예금, 다음 달에 받기로 한 매출대금, 부가가치세 환급금, 사무실 임차보증금, 창고에 있는 원재료, 상품, 제품 모두 돈 되는 자산입니다. 예금 등은 인출할 수 있고 매출대금, 부가가치세 환급금, 임차보증금은 돌려받을 수 있죠. 상품과 제품은 팔리면 매출대금이 유입됩니다.

더 있습니다. 회사에 여유 자금이 있어 상장주식 투자

를 할 수도 있고, 사업다각화 등을 위해 다른 회사 주식을 매입하는 때도 있죠. 해당 주식 가치만큼 돈이 된다고 볼 수 있겠네요. 회사 소유 토지, 건물, 기계장치, 차량 등을 보유함으로써 수익 창출을 도모할 수 있고 직접 팔아서 돈이 되기도 있지요. 눈에 보이지 않는 자산도 있습니다. 회사가 보유한 특허권, 상표권, 소프트웨어 또한 회사에 돈 되는 자산입니다.

"우리 회사에 돈 되는 자산이 무엇이 있을까?" 각자 한 번 질문을 해 보세요. 스스로 답도 해 보아야 하고, 재무제표에서 최종 확인을 해 보면 좋겠습니다.

### • 갚을 돈도 챙겨야 합니다

부채는 남에게 갚을 돈입니다. 회계는 부채를 미래 경제적 효익의 유출이라고 표현합니다. 부채의 종류는 무엇이 있을까요? 다음 달에 지급해야 할 원재료 매입 대금과 외주 용역비, 직원 급여, 은행에 갚아야 하는 대출금과 이자, 법인세와 부가가치세 등이 떠오릅니다. 임직원이 퇴사할 때 지급해야 하는 퇴직금도 있습니다. 안타깝지만 모두 일정 기간 후에 회삿돈이 유출되어야 하는 항목들이네요.

부채에 대해서도 자산에게 했던 질문과 답을 해보고 재무제표를 한번 확인해 보도록 하세요.

## • 자산과 부채를 1년 기준으로 나누어 보자

자산과 부채 종류를 이해했고 우리 회사에 해당하는 자산과 부채 항목들을 재무제표에서 확인했다면 한 가지 개념만 더 알면 좋겠습니다. 1년이라는 기간을 추가로 고려합니다. 1년 이내 돈이 되는 자산을 유동자산이라 하고, 1년 이후에 돈이 되는 자산을 비유동자산이라 합니다. 유동이라는 개념을 돈이 되는 기간이라 생각하면 됩니다. 유동은 조금 빨리(1년 이내) 비유동은 조금 늦게(1년 이후에) 돈이 된다는 의미 정도로요. 부채도 동일하게 개념을 적용할 수 있습니다. 1년 이내에 갚아야 할 부채를 유동부채, 1년 이후에 갚아야 할 부채를 비유동부채라고 합니다. 조금 빨리 갚아야 할 돈과 상대적으로 갚아야 할 시기에 여유가 있는 부채로 구분합니다.

재무상태표도 분해되고 있습니다. 지금까지 내용을 정리하면 다음과 같습니다.

자산 주요항목

| 구 분 | 주요 항목 |
|---|---|
| 유동자산 | 현금, 보통예금, 외상매출금, 미수금, 단기대여금 |
| | 원재료, 상품, 제품 |
| 비유동자산 | 정기예금, 정기적금, 투자주식 |
| | 토지, 건물, 기계장치, 차량 |
| | 특허권, 상표권, 소프트웨어 |

부채 주요항목

| 구 분 | 주요 항목 |
|---|---|
| 유동부채 | 외상매입금, 미지급금, 단기차입금, 미지급세금, 미지급급여, 미지급이자 |
| 비유동부채 | 장기차입금, 퇴직급여충당금 |

## ||||||||||||||||||||||||||||
### • 이 것만 기억하자 : 재무상태표 주요비율

• **유동비율** : 회사로서는 기업을 운영할 때 뭐니 뭐니 해도 돈이 중요합니다. 매달 어김없이 돈이 유출되니까요. 손익계산서에서 살펴보았던 영업비용을 떠올려보시죠. 당연한 말이지만, 들어올 돈은 빨리 들어오고 나갈 돈은 좀 천천히 나가면 좋습니다. 회계적으로 표현하자면 유동자산은 많고 유동부채는 적으면 좋다는 의미입니다. 이를 재무제표에서 살펴볼 수 있습니다. 1년 이내

갚아야 할 돈을 유동부채라고 했고, 1년 이내 돈이 자산을 유동부채라고 했으니, 유동부채와 유동자산을 비교해 보면 됩니다. 예시를 함께 보시죠.

**재무상태표(예시)** (단위 : 백만원)

| 구 분 | 금 액 | 구 분 | 금 액 |
|---|---|---|---|
| 유동자산 | 300 | 유동부채 | 200 |
| 비유동자산 | 700 | 비유동부채 | 600 |
|  |  | 부채 합계 | 800 |
| 자산 합계 | 1,000 | 자본 합계(자산-부채) | 200 |

재무상태표에는 자산과 부채가 표시된다고 했습니다. 자산 합계 1,000만 원, 부채 합계는 800만 원이네요. 전체 자산 중에서 유동자산은 300만 원, 부채 중에서 유동부채는 200만 원입니다. 1년 이내 갚아야 할 돈이 유동부채 200만 원입니다. 이 회사는 갚을 자금 능력이 될까요? 이를 판단하기 위해 유동자산과 비교해 보는 것입니다. 1년 이내 돈이 되는 유동자산은 300만 원이네요. 어떤가요? 갚을 능력이 있는 듯합니다. 유동부채 대비 유동자산의 비율은 1.5배인 150%로 산출되고, 이를 유동비율이라고 합니다.

$$\text{유동비율} = \frac{\text{1년 이내 돈이 되는 자산}}{\text{1년 이내 갚아야 할 돈}} = \frac{\text{유동자산}}{\text{유동부채}} = \frac{300}{200} = 150\%$$

- **부채비율** : 재무상태표에는 자산과 부채가 표시되고 자산에서 부채를 차감하면 자본이 산출됩니다. 부채는 남에게 갚아야 할 돈이고, 자산에서 부채를 차감한 자본은 남에게 갚지 않아도 되는 회사의(정확히는 주주의) 돈입니다. 이 회사는 부채가 800만 원이고 자본이 200만 원이네요. 부채가 자본의 4배, 400%입니다. 어떤 느낌이 드시나요? 일반적으로 남에게 갚을 돈은 많지 않은 것이 좋다는 관점에서 조금 높은 듯합니다. 남에게 갚지 않아도 되는 자본 대비 남에게 갚아야 하는 부채가 몇 배인지를 보여주는 비율이 부채비율입니다. 상기 사례에서 부채비율은 아래와 같이 산출됩니다.

$$\text{부채비율} = \frac{\text{갚아야 할 돈}}{\text{갚지 않아도 되는 돈}} = \frac{\text{부채}}{\text{자본}} = \frac{800}{200} = 400\%$$

재무상태표에는 수많은 재무비율이 도출되지만, 우리는 재무분석을 공부하는 것이 아닙니다. 최소한 유동비율과 부채비율 개념은 알아두면 좋겠습니다. 이 비율들은 스타트업이 정부 지원사업 등을 지원할 때 요구되는 요건 중 하나인 경우가 많기 때문입니다. 정부 과제 지원 요건 중 "유동비율 50% 또는 100% 이상, 부채비율 1,000% 이하" 등과 같은 문구가 등장합니다. 재무제표가 이 요건을 충족하지 못하면 해당 과제에 지원조차 할 수 없게 되는 경우가 있습니다. 유동비율과 부채비율은 보증기관과 은행에서 보증과 대출을 받기 위한 중요한 심사 기준에도 속합니다. 간단한 숫자로 산출되는 비율이 기업 운명을 결정지을 수도 있는 판단 기준으로 작동할 수도 있습니다. 그렇다면 어떻게 해야 할까요? 방법은 없습니다. 경영자 스스로가 미리 개념을 숙지하고 세무 대리인과 소통하며 대비해야 합니다.

유동비율과 부채비율은 몇 %가 좋을까요? 일반적으로 유동자산이 유동부채보다 아주 많아 유동비율이 높으면, 남에게 갚아야 할 돈보다 갚지 않아도 되는 자본이 많아 부채비율은 낮으면 좋겠지만, 정해진 기준은 없습니다. 경쟁기업 또는 유사 업종 수준과 비교해 보는 방법이 있습니다. 또한 우리 회사의 유동비율과 부채비율 추세가 좋아지고 있는지 나빠지고 있는지 기간별로 비교해 보면서 관리하면 좋겠습니다. 무엇보다 기업이 속한 환경에서 요구되는 수준이 있다면 지속적으로 관심을 기울여야 합니다.

재무상태표, 이제 좀 해독이 가능해지셨나요? 돈이 되는 자산과 갚아야 할 부채 종류들을 살펴봤습니다. 우리 회사에는 어떤 자산과 부채가 있을지 생각해 보고 재무제표를 직접 한 번 확인해 보아야 합니다.

여러 가지 재무비율 중 유동비율과 부채비율은 정부 과제 지원 요건, 보증기관과 금융기관의 중요한 심사 기준에 해당하므로 경영자 스스로가 개념을 알고 미리 챙길 수 있어야 합니다. 이제는 경영자 스스로가 재무제표를 펼쳐 놓고, 우리 회사의 유동비율과 부채비율이 얼마인지, 그리고 그 수치가 외부의 요구를 충족하는지를 성장의 길목에서 미리 확인하고 대비해야 합니다.

# 혼자서도 가능한 재무제표 해독하기 : 실습(1)

 소개팅에서 시작된 2가지 질문에 대한 답으로부터 손익계산서와 재무상태표, 재무제표 구조와 의미까지 살펴보았습니다. 재무제표에 대한 기본기를 다졌으니, 재무제표를 해독하는 실습을 해 보도록 하시죠. 재무제표 분석 방법은 여러 가지 측면이 있겠지만, 우리의 목표는 최소한 지금까지 살펴본 내용 정도로 재무제표를 해독할 수 있는 능력을 키우는 것입니다.

## • 재무상태표 분석 실습

**A사 재무제표 : 재무상태표** (단위 : 억 원)

| 구 분 | 금 액 | 구 분 | 금 액 |
|---|---|---|---|
| 유동자산 | ⑤ 39 | 유동부채 | ④ 13 |
| 비유동자산 | 4 | 비유동부채 | 2 |
|  |  | 부채 합계 | ② 15 |
| 자산 합계 | ① 43 | 자본 합계(자산-부채) | ③ 28 |

　재무상태표에는 자산과 부채가 표시되고 자산에서 부채를 차감하면 자본이 산출된다고 했습니다. 재무상태표에서는 이 정보만 먼저 찾아보면 되겠습니다. 모든 재무상태표에는 자산 합계와 부채 합계가 표시됩니다. A사 자산은 43억 원(①), 부채는 15억 원(②), 자산에서 부채를 차감한 자본은 28억 원(③)이네요.

　자산은 돈이 되는 것이고, 부채는 갚을 돈이라고 했지요. 여기에 유동과 비유동 개념을 추가하면, 자산은 1년 이내 돈이 되는 유동자산과 1년 이후 돈이 되는 비유동자산으로 구분됩니다. 부채도 동일한 개념으로 1년 이내 갚아야 할 유동부채와 1년 이후 갚아야 할 비유동부채로 구분할 수 있고요. 재무상태표에는 두 가지 비율을 알아둘 필요가 있다고 했었는데 기억이 나시나요? 부채비율과 유동비율입니다. 부채비율은 남에게 갚지 않아도 되는 자본 대비 타인에게 갚아야 할 부채 금액 비율, 유동비율은 1년 이내 갚아야 할 유동부채 대비 1년 이내 돈이 되는 유동자산 비율이었죠.

부채비율을 구해보세요. 자산은 43억 원, 남에게 갚아야 할 부채 15억 원, 갚지 않아도 되는 자본은 28억 원입니다. 부채 15억 원이 자본 28억 원에 몇 배인가요? 100%가 넘지 않아 조금 양호한 듯합니다. 유동비율도 산출할 수 있습니다. 1년 이내 갚아야 할 유동부채는 13억 원(④)이네요. 어디를 보면 될까요? 1년 이내 돈이 되는 유동자산 39억 원(⑤)입니다. 유동부채 13억 원 대비 유동자산 39억 원이니 뭔가 충분한 듯합니다. 부채비율과 유동비율은 다음과 같이 산출됩니다.

**재무상태표 주요 비율** (단위 : 억 원)

| 부채(a) | 15 | 유동자산(a) | 39 |
|---|---|---|---|
| 자본(b) | 28 | 유동부채(b) | 13 |
| 부채비율(a/b) | 54% | 유동비율(a/b) | 300% |

재무상태표에서는 기본적으로 이 정도만 살펴볼 수 있으면 좋겠습니다. 큰 그림을 먼저 파악하고 궁금한 사항이

생기면 재무제표를 조금 더 들여다보면 됩니다. 예를 들어 유동자산과 유동부채는 어떤 항목으로 구성되어 있을지가 궁금할 수 있겠네요. 실제 A사의 유동부채와 유동자산 구성 내역입니다.

### A사 유동부채 (단위 : 원)

| I. 유동부채 | | 1,253,210,893 |
|---|---|---|
| 단기차입금 | ⓑ 200,000,000 | |
| 미지급금 | ⓐ 769,696,835 | |
| 미지급비용 | 66,845,068 | |
| 예수금 | 49,040,650 | |
| 부가세예수금 | 107,872,507 | |
| 선수수익 | 59,755,833 | |

### A사 유동자산 (단위 : 원)

| I. 유동자산 | | 3,878,625,854 |
|---|---|---|
| 현금및현금성자산 | ⓒ 1,903,093,409 | |
| 매출채권 | ⓓ 1,781,974,274 | |
| 선급금 | 72,111,633 | |
| 선급비용 | 17,492,548 | |
| 당기법인세자산 | 3,953,990 | |
| 단기대여금 | 100,000,000 | |

유동부채 13억 원의 주요 구성항목으로는 미지급금 7.6억 원(ⓐ)과 단기차입금 2억 원(ⓑ)이 있네요. 미지급금은 외주기업 등 다른 업체에 지급해야 할 금액이고 단기차입금은 은행 등으로부터 빌려와서 갚아야 할 돈입니다. 부가세예수금은 부가가치세로 내야 할 금액이고요. 전반적으로 유동부채는 영업 과정에서 발생하는 부채 성격으로 보입니다.

유동부채 13억 원을 갚을 능력이 있을까요? 유동자산 39억 원으로 충분한 듯한데, 정말로 그럴지 살펴보시죠. 유동자산 중 대부분은 현금성자산 19억 원(ⓒ)과 매출채권 17.8억 원(ⓓ)이네요.

현금성자산은 보통예금 등으로 언제든 은행에서 찾아 쓸 수 있는 돈이고, 매출채권은 거래처로부터 받을 매출대금으로 회수에 어려움이 없다는 가정하에 유동자산 38억 원은 현금화에 큰 어려움은 없을 듯합니다.

## ▮▮▮▮▮▮▮▮▮▮▮▮▮▮▮▮▮▮▮▮▮▮
## • 손익계산서 분석 실습

A사 재무제표 : 손익계산서 <sup>(단위 : 억 원)</sup>

| 구 분 | 금 액 |
|---|---|
| **매출** | ①　　56 |
| 매출원가 | (-) 25 |
| **매출총이익** | 31 |
| 판매관리비 | (-) 27 |
| **영업이익** | ②　　4 |
| 영업외수익 | (+) 0 |
| 영업외비용 | (-) 0 |
| **당기순이익** | 4 |

　다음은 손익계산서입니다. A사는 본업을 통해 56억 원(①)의 매출을 올리고, 4억 원(②)의 영업이익을 남겼다는 것을 알 수 있습니다. 수익과 비용을 영업과 영업 외로 구분한다고 했습니다. 영업비용은 매출원가와 판매관리비로 분류한다는 내용도 기억해 보세요. 영업수익에 해당하는 매출은 56억 원이고, 영업비용은 매출원가 25억 원과 판매관리비 27억 원 합계 52억 원이네요. 영업수익 56억 원에서 영업비용 52억 원을 차감하면 영업이익 4억 원이 산출됩니다.

영업비용을 매출원가와 판매관리비로 구분했으니 영업수익 56억 원에서 매출원가 25억 원을 차감한 매출총이익 31억 원이 영업이익 전 단계에 나타납니다.

손익계산서 주요비율인 매출원가율, 매출총이익, 영업이익율은 매출액 대비 금액 비율로 다음과 같이 산출됩니다.

손익계산서 주요 비율 (단위: 억 원)

| 매출원가(a) | 25 | 매출총이익(a) | 31 | 영업이익(a) | 4 |
|---|---|---|---|---|---|
| 매출(b) | 28 | 매출(b) | 56 | 매출(ㄱ) | 56 |
| 매출원가율(a/b) | 45% | 매출총이익율(a/b) | 55% | 영업이익율(a/b) | 7% |

매출액 대비 매출원가율이 45%, 영업이익율 7% 수준을 달성하고 있는 회사이네요. 이 회사의 수익성은 어떤가요? 유사 업종에 속한 회사의 수익성 지표와 비교해 볼 수 있습니다.

손익계산서에서 판매관리비 항목들을 더 살펴보면 다음과 같습니다.

**A사 판매관리비** (단위 : 원)

| IV. 판매관리비 | | 2,658,470,742 |
|---|---|---|
| 급여 | ⓐ 1,711,962,628 | |
| 퇴직급여 | ⓑ 248,577,901 | |
| 복리후생비 | ⓒ 220,004,568 | |
| 지급임차료 | ⓓ 121,680,000 | |
| 지급수수료 | 77,357,465 | |
| 접대비 | 53,641,065 | |
| 세금과공과금 | 50,800,460 | |
| 감가상각비 | 41,891,808 | |
| 통신비 | 32,036,639 | |
| 무형자산상각비 | 26,198,386 | |
| 건물관리비 등 | 74,319,822 | |

    판매관리비 27억 원 주요 구성 내역은 급여 17억 원(ⓐ), 퇴직급여 2.4억 원(ⓑ), 복리후생비 2.2억 원(ⓒ) 합계 약 21.6억 원입니다. 이 항목들은 인건비성 비용으로 회사의 판매관리비 대부분은 임직원에 대한 급여 성격으로 파악할 수 있습니다. 다음으로 큰 항목은 지급임차료 1.2억 원(ⓓ)으로 월 기준으로 임차료 일천만 원 정도를 지출하는 회사이네요. 회사 주소를 파악한다면 사무실 규모가 어느 정도 머릿속에 그려질 것 같습니다.

재무상태표와 손익계산서에서 분석할 수 있는 재무비율 등은 이외에도 수없이 많지만 우리는 딱 여기까지만! 목표로 하겠습니다. 재무상태표와 손익계산서 이제 조금 친숙해지셨나요? 그렇다면 과제가 있습니다. 우리 회사 재무제표에 대해 분석해 보세요. 혼자서도 충분히 할 수 있습니다.

# 5분 안에 완성하는 재무제표 해독하기 : 실습(2)

우리는 A사 재무상태표와 손익계산서를 해독해 보았습니다. B사를 A사 경쟁사로 가정하고 B사 재무제표를 해독해 보겠습니다. 지금까지 공부한 내용을 토대로 각자 한번 분석해 보세요. 정답은 없지만, 제한 시간이 있습니다. 5분입니다.

B사 재무제표 : 재무상태표, 손익계산서 (단위 : 억 원)

| 재무상태표 | | | |
|---|---|---|---|
| 구 분 | 금 액 | 구 분 | 금 액 |
| 유동자산 | ⑤ 4 | 유동부채 | ④ 13 |
| 비유동자산 | 14 | 비유동부채 | 2 |
| | | 부채 합계 | ② 15 |
| 자산 합계 | ① 18 | 자본 합계 | ③ 3 |

| 손익계산서 ||
|---|---|
| 구 분 | 금 액 |
| 영업수익 | 55 |
| 영업비용 | (-) 54 |
| 영업이익 | 1 |
| 영업외수익/비용 | 0 |
| 당기순이익 | 1 |

5분이 지났습니다. 분석은 잘 되었나요?

재무상태표를 보면 자산 18억 원(①), 부채 15억 원(②), 자본은 자산에서 부채를 차감한 3억 원(③)이네요. 갚아야 할 부채 15억 원이 갚지 않아도 되는 자본 3억 원의 5배 많아 보이는 것으로 보아 A사(부채 15억 원, 자본 23억 원)와 비교할 때 뭔가 좋지 않은 듯합니다. 부채 15억 원 중 1년 이내 갚아야 할 유동부채가 13억 원(④)으로 대부분을 차지하네요. 갚을 능력이 있을지 어디를 봐야 할까요? 1년 이내 돈이 되는 유동자산 4억 원(⑤)입니다. 뭔가 많이 부족해 보입니다. 부채비율과 유동비율을 산출해 보세요.

부채 대부분을 차지하는 유동부채 구성을 들여다보면 다음과 같습니다.

### B사 유동부채 (단위 : 억 원)

| I. 유동부채 | | 1,308,154,613 |
|---|---|---|
| 매입채무 | 73,126,405 | |
| 미지급금 | 58,573,227 | |
| 예수금 | 22,578,924 | |
| 선수금 | 108,484,900 | |
| 단기차입금 | ⓐ 850,485,094 | |
| 미지급비용 | 194,906,063 | |

유동부채 13억 원 중 가장 큰 금액은 단기차입금 8.5억 원(ⓐ)입니다. 은행 등에서 빌려온 돈이죠. 차입금이 큰 점으로 보아 운영자금 조달을 외부차입에 상당 부분 의존하는 것으로 판단할 수 있습니다. 자산을 살펴보시죠. 자산 18억 원 중 비유동자산이 14억 원으로 대부분을 차지하고 있네요.

### B사 유동자산 (단위 : 억 원)

| I. 유동자산 | | 431,719,183 |
|---|---|---|
| 현금및현금성자산 | ⓑ 172,257,696 | |
| 매출채권 | ⓒ 251,320,900 | |
| 선급비용 | 1,457,196 | |
| 미수금 | 6,653,831 | |
| 당기법인세자산 | 29,560 | |

### B사 비유동자산 (단위 : 억 원)

| Ⅱ. 비유동자산 | | 1,406,894,920 |
|---|---|---|
| (1) 유형자산 | | 80,768,536 |
| 비품 | 6,949,868 | |
| 시설장치 | 73,818,668 | |
| (2) 무형자산 | | 1,184,096,384 |
| 소프트웨어 | 418,393,155 | |
| 개발비 | ⓓ 765,703,229 | |
| (3) 기타비유동자산 | | 142,030,000 |
| 임차보증금 | 142,030,000 | |

    유동자산 4.3억 원은 주로 현금 1.7억 원(ⓑ), 매출채권 2.5억 원(ⓒ)으로 되어 있네요. 1년 이내 갚아야 할 유동부채 13억 원보다 많이 부족한 수준입니다. 비유동자산 14억 원은 무엇일지 궁금해집니다. 찾으셨나요? 비유동자산 항목 중 개발비 7.6억 원(ⓓ)이 가장 큰 부분을 차지하는 것을 볼 수 있습니다. 결론부터 말하자면, 개발비의 실질은 손익계산서로 가야 할 비용이라는 사실입니다. 이 부분에 대해서는 나중에 자세히 살펴보기로 하겠습니다. 일단은 돈이 된다고 표시된 자산 18억 원 중에서 비유동자산이 14억 원을 구성하는데, 비유동자산 14억 원의 절반 정도에 해당하는 개발비의 실질은 자산이 아닌 비용이라는 정

도로 해석하면 되겠습니다.

손익계산서를 살펴보시죠. 영업수익은 55억 원, 영업비용은 54억 원이네요. 손익계산서 형태에 먼저 익숙해질 필요가 있습니다. B사 손익계산서는 A사와 달리 영업비용을 매출원가와 판매관리비로 구분하지 않은 형태로 표시한 경우입니다. 영업수익에서 영업비용을 차감한 영업이익은 1억 원인데 수익성은 괜찮아 보이나요? 영업이익률을 계산해 보고 A사와 비교해 보세요. B사 영업비용 구성 내역을 좀 더 살펴보시죠.

B사 영업비용 (단위 : 원)

| II. 영업비용 | | | 5,369,989,084 |
|---|---|---|---|
| 급여 | ⓔ | 384,040,891 | |
| 복리후생비 | ⓔ | 39,603,536 | |
| 외주비 | ⓕ | 4,202,785,029 | |
| 무형자산상각비 | | 478,805,746 | |
| 지급수수료 | | 105,330,667 | |
| 지급임차료 | ⓖ | 43,178,318 | |
| 접대비 | | 27,552,610 | |
| 소모품비 | | 21,032,730 | |
| 여비교통비 | | 17,072,981 | |
| 세금과공과금 | | 13,149,530 | |
| 감가상각비 등 | | 37,437,046 | |

영업비용 54억 원 중에서 인건비성 비용은 급여, 복리후생비 합계 약 4.2억 원(ⓔ)으로 영업비용에서 차지하는 비중은 약 8% 수준이고 가장 큰 비중을 차지하는 항목을 찾아보면, 외주비 42억 원(ⓕ)으로 영업비용의 약 78%를 구성하고 있네요. 이러한 점으로 보아 B사는 매출 55억 원을 달성하기 위해 상당 부분을 외주업체를 활용하고 있을 것으로 짐작해 볼 수 있습니다. 지급임차료는 0.4억 원(ⓖ)으로 월 기준 약 3백5십만 원 정도를 지출하는 회사입니다. B사 모습이 어느 정도 그려지시나요?

　끝으로 A사와 B사를 비교해 보겠습니다.

A사 (단위 : 억 원)

| 재무상태표 | | | | 손익계산서 | |
|---|---|---|---|---|---|
| 부채 | 15 | 유동자산 | 39 | 영업이익 | 4 |
| 자본 | 28 | 유동부채 | 13 | 매출액 | 56 |
| **부채비율** | **54%** | **유동비율** | **300%** | **영업이익율** | **7%** |

B사 (단위 : 억 원)

| 재무상태표 | | | | 손익계산서 | |
|---|---|---|---|---|---|
| 부채 | 15 | 유동자산 | 4 | 영업이익 | 1 |
| 자본 | 3 | 유동부채 | 13 | 매출액 | 55 |
| **부채비율** | **500%** | **유동비율** | **31%** | **영업이익율** | **2%** |

B사는 부채가 15억 원으로 자본 3억 원에 비해 많고, 1년 이내 돈이 되는 유동자산 4억 원이 유동부채 13억 원보다 많이 부족해서 A사에 비해 부채비율과 유동비율이 상대적으로 좋지 않네요. B사 영업이익율은 2% 수준으로 A사 7% 수준에 비해 낮은 수준입니다.

겉으로 보기에는 B사의 매출 55억 원은 A사 56억 원과 비슷해 보이지만, 재무제표 세부 항목을 들여다보면 완전히 다른 모습을 하고 있었죠. B사는 55억 원의 매출을 올렸지만, 영업이익은 1억 원에 불과합니다. 매출 달성을 위해 자체 역량보다는 외주 업체에 크게 의존하고 있음도 알 수 있습니다. B사는 A사에 비해 재무적으로 불안정하고, 수익성은 낮고, 개발비라는 비용 성격의 자산도 안고 있다는 것을 파악할 수 있습니다.

재무제표는 겉모습이 아닌 회사의 진짜 모습을 보여주는 거울입니다. 재무제표를 통해 회사의 모습을 파악하는 통찰력을 가질 수 있습니다. 이제 여러분 회사의 재무제표를 열어보고, 과거와 현재의 모습을 분석하며 미래를 계획해 보세요. 혼자서도 충분히 할 수 있습니다.

# Part. 2

일생에 한 번은 재무제표를 만나라 2

# 재무상태표의
# 또 다른 가족 : 자본

 우리는 지금까지 손익계산서와 재무상태표를 공부했습니다. 회계, 좀 할 만 한가요? 여전히 어렵게만 느껴질 수도 있어요. 사실 회계는 어려운 게 맞으니 계속 나아가 보시죠. 많이 반복되고 앞으로도 여러 번 나올 표현이지만 손익계산서에는 수익과 비용이, 재무상태표에는 자산과 부채가 표시된다고 했습니다. 수익에서 비용을 차감한 것을 이익이라 했고, 자산에서 부채를 차감하면 자본이라고 했지요.

 한 걸음 더 나아가 만나볼 항목은 바로 자본입니다. 우리의 목표는 자산에서 부채를 차감해서 산출된다는 자본이 어떻게 구성되어 있는지를 살펴보는 것이고, 궁극적으로 한 번씩은 들어보았을 듯한 자본잠식 개념에 대해 이해하는 것입니다.

### • 회사의 탄생 : 자본

기업의 소유권은 주주에게 있습니다. 주주들이 회사를 설립할 때 발행할 주식 수와 주식 1주당 금액(액면가)을 결정하고 해당 금액을 출자함으로써 회사가 설립되고, 각 주주는 소유한 주식 비율만큼 회사에 대한 지분을 가집니다. 주주가 많아질수록 회사의 지분을 나누어 소유하게 되는 구조입니다.

우리가 살펴볼 내용은 출자금 납입이 재무제표에 어떻게 반영되는지 입니다. 예를 들어, 창업자가 출자금 500만 원(1,000주, 1주당 액면가 5,000원)을 납입하고 a사를 설립하면 창업자가 납입한 금액은 재무상태표 자본 항목 중에서 자본금(①)으로 반영이 됩니다. 자본금은 주주들이 투자한 돈입니다. 회사는 주식을 발행하고 그 대가로 주주들로부터 대가로 받은 금액이 자본금이 됩니다.

자본의 구성 : 자본금 (단위 : 만 원)

| 구 분 | 금 액 | 구 분 | 금 액 |
|---|---|---|---|
| 자산 | | 부채 | 0 |
| 예금 | 500 | 자본 | |
| | | **자본금** | ① **500** |
| 자산 합계 | 500 | 자본 합계 | 500 |

 a사 지분은 창업자가 100% 소유하고 있는 상태죠. 만약 다른 투자자가 1,000주, 1주당 7,000원에 700만 원을 추가 출자한다면 재무상태표에 어떻게 반영이 될까요? 투자자가 출자한 700만 원은 1주당 액면 5,000원에 해당하는 500만 원(1,000주 x 5,000원)과 해당 액면금액을 초과해서 납입한 200만 원(1,000주 x 2,000원)으로 구분할 수 있습니다. 재무제표에는 액면금액 500만 원(②)은 자본금에, 액면을 초과해서 납입된 200만 원(③)은 자본잉여금에 표시됩니다. 재무상태표에서 자본금은 1,000만 원(①+②), 자본잉여금 200만 원(③)으로 바뀌게 됩니다. 자본의 새로운 구성원, 자본잉여금이 등장하는 순간입니다.

자본의 새로운 가족 : 자본잉여금 (단위 : 만원)

| 구 분 | 금 액 | 구 분 | 금 액 |
|---|---|---|---|
| 자산 | | 부채 | 0 |

| 예금 | 1,200 | 자본 | |
|---|---|---|---|
| | | 자본금 | ①+② 1,000 |
| | | 자본잉여금 | ③ 200 |
| 자산 합계 | 1,200 | 자본 합계 | 1,200 |

참고로 a사 지분은 어떻게 바뀌었나요? 각자 생각해 보도록 하죠. 이제 회사 설립 후 1년이 지나 손익계산서가 아래와 같이 작성되었다고 가정해 보겠습니다. 수익에서 비용을 차감한 이익 300만 원이 발생한다면, 손익계산서에서 산출된 이익은 재무상태표 자본 항목 중 이익잉여금(④)으로 반영이 됩니다. 재무상태표 자본은 자본금, 자본잉여금, 또 하나의 가족이라 할 수 있는 이익잉여금 합계 1,500만 원으로 구성이 됩니다.

**자본의 구성 : 이익잉여금** (단위 : 만 원)

| 손익계산서 | | 재무상태표 | |
|---|---|---|---|
| 수익 | 1000 | 자본 | |
| 비용 | (-) 700 | 자본금 | ①+② 1,000 |
| 이익 | ④ 300 | 자본잉여금 | ③ 200 |
| | | 이익잉여금 | ④ 300 |
| | | 자본 합계 | 1,500 |

손실이 발생하는 때도 생각해 보아야 합니다. 아래와 같이 손실이 발생한다면 해당 금액은 결손금이라는 이름으로 자본에 반영됩니다(⑤). 이 경우 자본은 자본금, 자본잉여금과 결손금으로 구성이 되죠. 한 가지 눈여겨봐야 할 부분이 있습니다. 결손금 (-)500만 원이 자본에 합산되어 자본잉여금 200만 원을 잠식하고 자본금 1,000만 원 중 300만 원을 잠식해서 자본 합계는 700만 원이 감소했습니다. 이처럼 결손금이 자본금을 잠식한 경우를 자본잠식이라고 표현합니다. 예시와 같이 결손금이 자본금 1,000만 원의 일부인 300만 원을 잠식한 경우가 부분 자본잠식입니다.

**자본의 구성 : 결손금, 부분 자본잠식** (단위 : 만 원)

| 손익계산서 | | | 재무상태표 | | |
|---|---|---|---|---|---|
| 수익 | 1,000 | | 자본 | | |
| 비용 | (-) 1,500 | | **자본금** | ①+② | 1,000 |
| **이익(손실)** | **⑤ (500)** | | **자본잉여금** | ③ | 200 |
| | | | **결손금** | ⑤ | (500) |
| | | | 자본 합계 | | 700 |

만약 자본금 1,000만 원, 자본잉여금 200만 원인 상태

에서 결손금이 1,200만 원을 초과하면 자본은 어떻게 될까요? 결손금이 1,400만 원(⑥)이 발생했다면 자본잉여금 200만 원을 잠식하고 자본금 1,000만 원을 모두 잠식해도 결손금이 남아 있게 됩니다. 다음의 경우입니다.

**자본의 구성 : 결손금, 완전자본잠식** (단위 : 만 원)

| 손익계산서 | | 재무상태표 | | |
|---|---|---|---|---|
| 수익 | 1,000 | 자본 | | |
| 비용 | (-) 2,400 | 자본금 | ①+② | 1,000 |
| 이익 | ⑥ (1,400) | 자본잉여금 | ③ | 200 |
| | | 결손금 | ⑥ | (1,400) |
| | | 자본 합계 | | (200) |

손실 (-)1,400만 원이 결손금으로 합산되는 과정에서 자본 합계가 (-)200만 원이 되었네요. 이와 같이 결손금이 자본잉여금과 자본금을 모두 잠식해서 자본 합계가 (-)가 되는 상황을 완전 자본잠식이라고 합니다.

재무상태표를 조금 더 학습한 기분입니다. 자산에서 부채를 차감해서 구해지는 자본의 구성항목까지 살펴보았으니까요. 자본은 자본금, 자본잉여금, 이익잉여금 또는 결손금으로 구성됨을 알았습니다. 결손이 발생해서 잉여금을 잠식하고 자본금을 잠식하는 경우를 자본잠식이라 하고 자본금을 완전히 잠식해서 자본 합계가 (-)음수가 되는 상황을 완전 자본잠식이라고 표현합니다. 자본잠식 상태에 빠지게 되면 회사의 재무구조가 취약해져 이제는 빚으로 회사를 운영하는 상황입니다.

재무상태표의 마지막 퍼즐과도 같은 자본을 이해했습니다. 자본은 단순히 자산에서 부채를 뺀 금액이 아니라, 회사의 재무적 건강과 생존 가능성을 보여주는 핵심 지표입니다. 부채비율, 유동비율과 함께 정부 지원과제, 보증기관, 금융기관의 중요한 심사 요건에 해당하므로, 경영자 스스로가 이 개념을 알고 미리 대비해야 합니다.

이제 여러분 회사의 재무제표를 들여다보세요. 자본 항목은 어떻게 구성되어 있나요? 이익잉여금이 차곡차곡 쌓여있나요? 아니면 결손금이 자본을 갉아먹고 있지는 않나요? 자본잠식 상태는 아닌지, 그리고 만약 그렇다면 어떻게 해소할 수 있을지 생각해 보는 것이 스케일업을 위한 중요한 첫걸음입니다.

## 재무상태표의 마지막 퍼즐 완성하기 : 실습(3)

　회계 공부 진도는 잘 나아가고 있습니다. 외계어처럼 느껴지던 재무제표, 손익계산서, 재무상태표, 자본잠식까지 조금씩 학습하고 있으니 뿌듯합니다. 초등학교 시절 잔소리로만 느껴지던 "공부해라. 예습과 복습도 충실히 하고.."라는 말이 생각나지만, 우리는 즐거운 마음으로 회계 공부를 하면 좋겠습니다. 이제 재무제표의 마지막 퍼즐, 자본을 완성할 차례입니다. A사와 B사의 재무제표를 다시 돌아보며, 자본 항목이 들려주는 소리 없는 충성과도 같은 이야기를 들어보겠습니다.

　A사 재무상태표입니다.

### A사 재무제표 : 재무상태표 (단위 : 억 원)

| 구 분 | 금 액 | 구 분 | 금 액 |
|---|---|---|---|
| 유동자산 | 39 | 유동부채 | 13 |
| 비유동자산 | 4 | 비유동부채 | 2 |
|  |  | 부채합계 | 15 |
| 자산 합계 | 43 | **자본 합계(자산-부채)** | **28** |

　재무상태표에서 자산과 부채를 살펴보았고, 부채비율과 유동비율, 부채와 자산 주요 구성 항목도 분석한 기억이 있네요. 자본의 경우, "자산 43억 원에서 부채 15억 원을 차감한 자본이 28억 원이다"라는 정도만 공부했었죠. 이제 자본을 해독할 차례입니다. A사 재무상태표에 표시된 자본 구성을 살펴보면 다음과 같습니다.

### A사 자본 구성 (단위 : 억 원)

| 자본 | |
|---|---|
| 자본금 | 8 |
| 자본잉여금(주식발행초과금) | 67 |
| 결손금 | (47) |
| **자본 합계** | **28** |

　한번 해독해 보실까요. A사 자본은 자본금 8억 원, 자본

잉여금 67억 원, 결손금 (-)47억 원 합계 28억 원으로 구성되어 있습니다. 자본금은 주주로부터 출자받은 액면금액 해당액, 자본잉여금은 액면금액을 초과하는 출자 금액입니다. A사는 주주로부터 75억 원(8억 원 + 67억 원)을 출자받은 것으로 파악되네요. 나름 적지 않은 금액을 투자받은 것으로도 여겨집니다. 결손금이 (-)47억 원인 것을 보았을 때, 아쉽게도 A사는 설립 이후 지금까지 누적 손실을 기록하고 있음을 알 수 있어요. A사는 자본잠식인가요? 결손금이 (-)47억 원이지만 자본잉여금이 67억 원으로 결손금보다 더욱 큰 금액이므로 결손금이 아직 자본금을 잠식하지는 않은 상태이니 자본잠식은 아니라고 해독할 수 있습니다.

이제 우리는 자본은 자산에서 부채를 빼서 차감된다는 사실을 넘어 자본의 구성이 어떻게 이루어져 있는지까지 분석할 능력을 키웠습니다.

B사도 살펴보아야겠지요.

B사 재무제표 : 재무상태표 (단위 : 억 원)

| 구 분 | 금 액 | 구 분 | 금 액 |
|---|---|---|---|
| 유동자산 | 4 | 유동부채 | 13 |
| 비유동자산 | 14 | 비유동부채 | 2 |
|  |  | 부채합계 | 15 |
| 자산 합계 | 18 | **자본 합계(자산-부채)** | **3** |

B사 자본은 자산 18억 원에서 부채 15억 원을 차감한 3억 원입니다. B사 자본 구성은 어떻게 되어 있을까요?

**B사 자본 구성** (단위: 억 원)

| 자본 | |
|---|---|
| 자본금 | 12 |
| 자본잉여금(주식발행초과금) | 9 |
| 결손금 | (18) |
| **자본 합계** | 3 |

설명해 보세요. B사 자본은 자본금 12억 원, 자본잉여금 9억 원, 결손금 (-)18억 원 합계 3억 원으로 구성되어 있습니다. 주주로부터 투자받은 금액이 21억 원이고 이 중에서 액면 금액은 자본금 12억 원, 액면을 초과해서 투자받은 자본잉여금 9억 원으로 파악됩니다. B사도 A사 경우처럼 아직 누적 이익을 달성하지는 못한 상태네요. 결손금이 (-)18억 원이니까요. B사는 자본잠식 상태인가요? 수학 실력만 있으면 됩니다. 결손금 (-)18억 원이 자본잉여금 9억 원을 잠식했고 자본금 12억 원 중 9억 원을 잠식했네요. 자본금을 모두 잠식하지는 않았으니 완전 자본잠식은 아닌 부분 자본잠식입니다. 참고로 자본금 12억 원

대비 자본금을 잠식한 9억 원의 비율인 75%(9억 원/12억 원)를 자본잠식율이라고 표현합니다.

이제 A사와 B사를 비교하고 마무리해 보겠습니다.

(단위 : 억 원)

| 자본 | A사 | B사 |
|---|---|---|
| 자본금 | 8 | 12 |
| 자본잉여금(주식발행초과금) | 67 | 9 |
| 결손금 | (47) | (18) |
| 자본 합계 | 28 | 3 |

금액의 크기만을 비교하는 것은 아닙니다. 두 회사의 미래를 조심스럽게 예측해 보는 것이죠. A사와 B사는 주주로부터 각각 75억 원, 21억 원을 투자받았고, 결손금은 (-)47억 원, (-)18억 원 수준입니다. A사는 아직 자본잠식 상태는 아니고 B사는 부분 자본잠식 상태이고요. 두 회사의 미래는 어떻게 될까요? 앞날을 예측할 수 있는 누군가가 있다면 물어보겠지만, 우리는 과거와 현재를 통해 미래를 추측해야 합니다.

두 회사의 손익계산서로 가 보시죠, A사는 당기순이익이 4억 원, B사는 1억 원이었죠. 다른 요인을 제외하고 판단해 볼 경우, A사가 4억 원 수준의 이익을 매년 달성한다면 결손금은 매년 조금씩 줄어들 것이라고 예상해 볼 수 있겠네요. B사는 어떤가요? 이익이 1억 원 수준으로 발생하면 그만큼 결손금은 감소하겠지만 결손금 18억 원 수준을 볼 때 시간은 다소 오래 소요될 것 같아요.

또 한 가지 고려할 사항이 있습니다. B사 자산 대부분을 차지하는 항목이 기억나시나요? 비유동자산 14억 원 중 약 7.6억 원을 차지하던 무언가 있었는데, 바로 개발비입니다. 개발비의 실질은 손익계산서로 가야 할 비용이라고 했던 기억이 떠오르네요. 7.6억 원이 자산이 아닌 비용으로 반영된다면 B사의 이익은 1억 원이 아닌 손실 (-)6.6억 원(1억 원-7.6억 원)으로 변경되고, 결국 결손금이 더 커지게 될 것으로 분석할 수 있습니다. 이러한 분석은 예시적인 것이고 미래는 알 수도 없고 정답은 없어요. 만약 당신이 투자자라면 A사와 B사 둘 중 어느 회사에 투자할 것인가요?

자본잠식을 탈피하는 방법은 무엇일까요? 재무제표를 기준으로 답을 찾아보면, 첫 번째는 투자를 받아 자본금과 자본잉여금을 늘리는 것이고, 두 번째 방법은 이익을 내서 결손금을 줄이는 것이죠. 마치 자본 확충과 결손금의 끊임없는 전쟁과도 같습니다. 스타트업 경영자라면 회사의 자본이 어떻게 구성되어 있는지, 자본잠식 상태에 있지는 않은지, 자본잠식 해소 방안은 무엇인지와 함께 미래 재무제표는 어떤 모습을 나타내게 될지를 생각해 보아야 합니다. 질문과 답을 재무제표에서 찾아보시죠. 지금 바로 재무상태표와 손익계산서를 들여다보세요. 미리 점검하고 대비해야 합니다.

# 자본조달, 재무제표 스토리를 시작하다

    재무상태표에서 자산과 부채, 자본의 구성과 변화까지 살펴보았습니다. 자본은 투자받은 액면에 해당하는 자본금과 액면 초과분인 자본잉여금, 그동안 성적표로 표시되는 이익잉여금 또는 결손금으로 구성되었죠. 손익계산서에서 산출되는 이익 또는 손실이 각각 재무상태표 자본 항목에서 이익잉여금 또는 결손금으로 합산된다는 사실도 알았습니다. 이제 스타트업 경영자들의 관심사 중 하나인 자본 조달 방식에 따라 조달 금액이 재무제표에 어떻게 반영되는지를 살펴보겠습니다.

    자본을 조달받는 방식에는 무엇이 있을까요? 첫 번째

주식을 발행해서 자금을 조달할 수 있습니다. 창업자가 최초에 회사를 설립할 때, 설립 후 추가로 주식을 발행해서 주주들로부터 투자받는 방식입니다. 두 번째는 타인에게 빌려오는 것입니다. 일정 금액을 정해진 이자율로 빌려와서 이자와 원금을 갚는 방식이죠. 전자를 자기자본조달, 후자를 타인자본조달이라고 표현합니다. 어떤 방식이 좋은 것일까요? 이 역시 답은 없을 듯합니다. 우선 각 방식이 재무제표에는 어떤 영향을 미치게 될지 살펴보겠습니다.

### • 이야기의 시작 : 주식 발행 자본조달

이미 살펴보았던 내용입니다. 창업자가 자본금 500만 원(1,000주, 1주당 액면가 5,000원)을 내고 회사를 설립한 경우 납입액은 재무상태표 자본 항목 중 자본금(①)으로 반영됩니다. 후속 투자자로부터 700만 원(1,000주, 1주당 7,000원)을 추가 출자받는다면? 액면 500만 원(②)은 자본금에, 액면을 초과해서 납입된 200만 원(③)은 자본잉여금에 표시됨을 알았습니다. 결국, 주식을 발행해서 조달하는 자금은 재무상태표 자본 항목에 반영된다는 것을 숙지하면 됩니다. 자본 항목을 좀 더 구체적으로 표현해 본다면, 납입된 투자금 중 액면 해당분은 자본금에, 초과 금액은 자본잉여금 항목입니다.

**자본조달 : 자기자본조달** (단위 : 만 원)

| 구 분 | 금 액 | 구 분 | 금 액 |
|---|---|---|---|
| 자산 | | 부채 | 0 |
| 예금 | 1,200 | 자본 | |
| | | 자본금 | ① + ② 1,000 |
| | | 자본잉여금 | ③ 200 |
| 자산합계 | 1,200 | 자본합계 | 1,200 |

단순해 보이는 회계처리와는 다르게 반영되는 경우도 가끔 존재합니다. 재무제표 작성을 외부에 맡기는 경우, 회사 내부 회계 담당자가 있는 경우에도 그럴 수 있습니다. 회사 통장에 주식 발행대금이 들어왔는데 회계처리 담당자가 입금 사유를 미처 파악하지 못하는 경우입니다. 어떻게 그럴 수 있냐고 생각할 수도 있겠지만, 자금 조달을 담당하는 경영진과 해당 거래를 기록하는 담당자 사이에 원활한 의사소통이 이루어지지 않을 경우, 해당 거래가 재무제표에 적절히 기록되지 않을 수도 있게 됩니다.

경영자는 돈이 들어왔다는 사실에 기뻐하는 사이, 장부

담당자는 은행에서 돈이 들어왔으니 빌려온 돈일거라는 생각으로 부채에 반영하는 때도 있고, 매출 대금이 입금되었거나, 회사 자금이 부족한 이유로 대표님이 개인 돈을 회사에 입금한 것으로 반영하는 사례도 있습니다. 우리 회사는 예외가 아닐지, 확인해 보세요.

### • 또 다른 스토리 : 돈을 빌려오는 경우

주식 발행을 통해 자금을 조달하는 경우와 달리, 운영자금 700만 원을 은행 등 타인에게 올 수도 있습니다. 이 돈은 갚아야 할 돈, 회계적으로 부채입니다. 창업자가 500만 원(①)을 납입한 후에 추가로 필요한 자금 700만 원(④)을 은행에서 빌려왔다고 가정한다면, 해당 금액은 재무상태표 부채 항목 중 차입금으로 표시됩니다.

**자본조달 : 타인자본조달** (단위 : 만 원)

| 구 분 | 금 액 | 구 분 | 금 액 |
|---|---|---|---|
| 자산 |  | **부채** |  |
|  |  | **차입금** | ④ 700 |
| 예금 | 1,200 | **자본** |  |
|  |  | **자본금** | ① 500 |
| 자산합계 | 1,200 | 부채와 자본합계 | 1,200 |

다시 질문으로 돌아가자면, 어떤 방식이 유리한가요? 정답은 없지만 각 방식의 장단점을 한번 생각해 보면 되겠습니다. 주식을 발행해서 자금을 조달하면 해당 금액은 주주들에게 갚을 의무는 없습니다. 이익이 발생해서 주주들에게 배당금을 지급할 수는 있지만, 주주가 출자한 돈은 반환할 필요는 없습니다. 부채비율 측면에서도 해당 방식이 자본이 증가하므로 유리하다고 할 수 있습니다.

그런데 타인으로부터 빌려온 돈은 갚아야 할 돈이죠. 약정된 기간 이자와 원금을 갚아야 할 의무가 발생하게 됩니다. 부채가 늘어나니 부채비율도 나빠집니다. 각 방식에서 부채비율은 각자 계산해 보도록 하세요.

그래서 자기자본조달이 유리할까요? 원금과 이자 상환 의무라는 현금흐름과 부채비율 측면에서는 자기자본조달이 유리한 것처럼 느껴질 수도 있지만, 자기자본조달 방식에는 무언가 다른 엄청난 대가가 있습니다. 무엇일까요? 각 주주는 소유한 주식비율만큼 지분을 가지므로 창업자는 새로운 주주에게 지분을 내줘야 하고, 그만큼 기존주주의 지분율이 감소하게 된다는 점입니다. 예시의 경우, 창업자가 1,000주를 가진 상태에서 새로운 투자자에게 1,000주를 발행해 주었으니 창업자는 자금 조달의 대가로 새로운 주주에게 지분율 50%를 내어주게 되어, 결국 창업자 지분율은 100%에서 50%로 줄어들게 됩니다. 적당한 대가로 느껴지시나요? 최초 창업 시와 추가 주식 발행으로 인한 지분율 변화는 다음과 같습니다.

주식 발행으로 인한 지분율 변화(예시) (단위 : 주, %)

| 주주명부(최초) | | | 주주명부(주식 추가 발행 후) | | |
| --- | --- | --- | --- | --- | --- |
| 주주명 | 주식수 | 지분율 | 주주명 | 주식수 | 지분율 |
| 창업자 | 1,000 | 100% | 창업자 | 1,000 | **50%** |
|  |  |  | **투자자** | **1,000** | **50%** |
| 합계 | 1,000 | 100% | 합계 | 2,000 | 100% |

||||||||||||||||||||||||||

### • 최적의 시나리오는?

정리해 보자면, 주식 발행으로 인한 자금 조달은 투자액을 갚을 의무는 없지만, 기존 주주의 지분율이 감소합니다. 타인자본조달은 돈을 빌려오는 것으로 원리금을 갚아야 하는 의무를 부담하지만, 지분율에는 영향을 미치지 않게 됩니다. 경영자는 각각의 자금조달 방식이 재무제표에 어떻게 영향을 미치게 되는지를 숙지할 필요가 있습니다. 그리고 기업이 처한 상황에서 가능한 자금조달 방안을 선택하고 이에 따르게 되는 장단점을 고려해야 합니다.

    개인적인 생각이지만, 기존 주주의 지분율이 희석된다는 측면에서 고려할 경우, 빌려올 수만 있다면 그리고 갚을 수만 있다면 필요한 자금을 빌려와서 상환하는 방식이 바람직할 것이라 여겨집니다. 한 가지만 기억하면 좋겠습니다. 타인자본과 자기자본 조달 방식 모두 조달한 금액에는 대가가 있다는 사실입니다. 전자는 이자와 원금을 갚아야 하고, 후자의 경우 지분율을 새로운 주주에게 내어주어야 합니다. 세상에 공짜는 없다는 사실입니다.

# 새로운 메뉴의 등장
## : 전환사채(1)

 문득 중국 식당에서 하게 되는 고민이 생각납니다. 메뉴를 골라야 하는 순간이죠. 짜장과 짬뽕 중에서 어느 한쪽을 쉽게 선택할 수 없는 상황입니다. 이러한 고민을 해결해 준 고마운 존재가 있습니다. 짬짜면이라는 짬뽕과 짜장을 함께 섞어 놓은 새로운 메뉴 덕분에 저의 고민 한 가지가 줄어들게 된 기억이네요.

 자기자본조달과 타인자본조달이라는 두 가지 메뉴를 섞어 놓은 것이 회계에도 있습니다. 주식 발행을 통한 자금 조달(자본), 타인에게 돈을 빌려오는 것(부채), 두 가지 성격을 모두 가지는 자금조달 메뉴입니다. 자본과 부채의 요소가 혼합된 자금 조달 방식으로 메자닌(Mezzanine)이라고도 표현합니다. 메자닌은 건물 1층과 2층 사이에 있는 중간층 공간을 뜻하는 이탈리아어에서 유래되었다고 하네요.

### • 사채발행 자금조달

회계에서 자본과 부채의 중간에 있는 메자닌 자금조달 방식 중 하나인 전환사채를 살펴보겠습니다. 전환사채는 전환과 사채가 합쳐졌으니, 전환과 사채의 중간에 있는 무엇인 듯 생각됩니다. 사채라는 개념에 대해 알아야겠네요. 영화에 나오는 조금은 살벌한 사채업자가 아닙니다. 우리가 공부하는 사채는 회사가 자금을 조달하기 위해 발행하는 채권을 의미합니다. 일정 금액을 우리 회사에 빌려주면 일정 기간 뒤에 이자와 함께 원금을 갚겠다고 약속하는 증서라고 이해하면 됩니다.

회사가 자본금 500만 원(주식 수 1,000즈, 액면 5,000원)으로 설립된 이후 다음과 같은 사채를 발행하고 투자자로부터 500만 원을 추가조달 했다고 가정합니다.

**사채발행(예시)**

**금액**: 500만 원, **이자율**: 연 10%, **만기**: 3년
**발행일**: 20X1년 1월 1일, **만기일**: 20X3년 12월 31일

기업은 사채 발행으로 500만 원을 조달하고 투자자에게 매년 이자 50만 원(500만 원 x 10%)을 지급하고 3년 후 만기에는 원금 500만 원을 이자와 함께 상환해야 합니다. 발행회사 입장에서 시점별 현금흐름을 표시해 보면 다음과 같습니다.

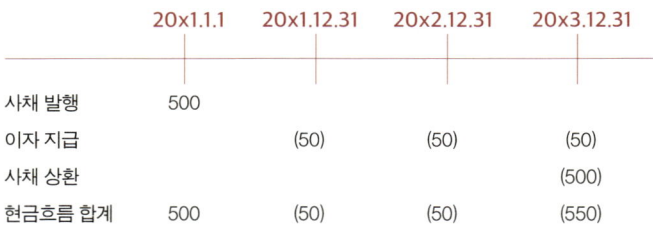

위와 같이 사채 발행을 통한 자금조달 방식은 타인자본 조달, 즉 자금을 빌려오는 것과 동일한 형식입니다. 사채 발행액을 빌려오고 정해진 이자와 원금을 상환하는 구조이기 때문이죠. 따라서 사채 발행조달액 500만 원(①)은 재무상태표에서 부채 항목 중 사채로 표시됩니다.

(단위 : 만 원)

| 구 분 | 금 액 | 구 분 | 금 액 |
|---|---|---|---|
| 자산 |  | **부채** |  |
|  |  | **사채** | ① **500** |
| 예금 | 1,000 | 자본 |  |
|  |  | 자본금 | 500 |
| 자산합계 | 1,000 | 부채와 자본합계 | 1,000 |

## • 전환사채 : 사채 + 전환

전환사채에는 사채라는 메뉴에 전환권이라는 새로운 선택지가 추가됩니다. 전환권은 사전에 약정된 조건으로 사채발행 회사의 보통주식으로 전환할 수 있는 권리를 의미합니다. 예를 들어 살펴보면 다음과 같습니다. 자본금 500만 원(주식 수 1,000주, 액면 5,000원)으로 설립된 회사가 전환사채를 발행하고 투자자로부터 700만 원을 조달하는 경우입니다.

### 전환사채 발행(예시)

**금액** : 700만 원, **이자율** : 연 10%, **만기** : 3년
**발행일** : 20X1년 1월 1일, **만기일** : 20X3년 12월 31일
**전환권** : 발행 후 1년 시점부터 만기까지 5,000원당 보통주식 1주로 전환가능

사채의 성격은 살펴본 내용과 동일합니다. 전환사채 발행으로 700만 원을 조달하고 매년 이자 70만 원, 만기에 700만 원을 상환하는 조건입니다. 전환권은 투자자가 자신이 돌려받을 원금과 이자를 포기하는 대신 사채를 주식으로 전환할 수 있다는 의미로서, 1년 후 시점부터 5,000원당 보통주식 1주로 전환 가능하므로 원금 700만 원을 모두 포기할 때 회사 주식 1,400주(사채금액 700만 원 / 5,000원)를 취득할 수 있습니다. 발행회사 입장에서 현금흐름입니다.

투자자 관점에서 생각해 보면, 20x1년 1월 1일 회사에 700만 원을 투자하면 3년 동안 매년 이자 70만 원과 3년 후 원금 700만 원을 받을 수 있습니다. 전환권이 추가되어 20x2년 1월 1일부터 만기까지 전환권을 행사할 권

리를 가졌습니다. 투자자는 어떤 것이 유리할까요? 상황에 따라 달라집니다. 사채 금액 5,000원당 주식 1주로 전환할 수 있는 조건이므로 회사의 주식 가치가 주당 5,000원보다 높다면? 주식 가치보다 낮은 금액으로 주식을 소유할 수 있으므로 전환하는 것이 유리하겠지요. 주식 가치가 5,000원보다 낮은 경우라면 사채로 계속 보유해서 이자와 원금을 받는 것이 유리합니다.

투자자는 전환권 행사 여부를 결정할 수 있습니다. 참고로 전환사채 또한 사채의 한 종류이므로 발행액 700만 원(②)은 재무상태표에서 부채로 표시됩니다. 우선 이것만 기억하면 되겠습니다.

(단위 : 만 원)

| 구분 | 금액 | 구분 | 금액 |
|---|---|---|---|
| 자산 | | 부채 | |
| | | 전환사채 | ② 700 |
| 예금 | 500+700 = 1,200 | 자본 | |
| | | 자본금 | 500 |
| 자산합계 | 1,200 | 부채와 자본합계 | 1,200 |

# 다양한 시나리오로 기록되는 재무제표 : 전환사채(2)

전환사채는 일반사채 발행조건에 전환권이라는 조건이 추가로 부여된 사채임을 살펴보았습니다. 기업이 전환사채 발행으로 조달한 금액은 이자와 원금을 상환해야 하는 성격을 가지기 때문에 재무상태표에서는 부채 항목으로 반영된다는 사실도 알았습니다. 우리는 전환사채에 대해 몇 가지를 추가로 고려해 볼 필요가 있습니다.

첫째, 투자자가 전환권을 행사하는 경우 회계처리입니다. 만약 20x2년 12월 31일 회사의 주식 가치가 8,000원으로 상승한 경우입니다. 투자자는 주식 가치가 8,000원인데 사채 금액 5,000원당 보통주 1주로 전환할 수 있는 전환권을 가졌으므로 전환권을 모두 행사하는 것이 유리합니다. 이 경우 전환사채는 주식으로 전환되어 회사는 전환사채 700만 원을 더 이상 갚을 필요가 없게 됩니다. 따라서 부채로 인식되어 있던 전환사채 700만 원을 재무상태표에서 제거해서 부채 금액은 0으로 반영됩니다(③).

회사는 전환사채 금액을 갚지 않는 대신 무엇을 해야 할까요? 투자자에게 보통주 1,400주(700만 원 / 5,000원)를 발행해 주어야 하지요. 그 결과 자본금은 700만 원(④ 새롭게 발행한 1,400주 x 액면 5,000원)이 증가합니다(④). 쉽게 생각해서 전환사채(부채)가 주식(자본)으로 전환된 것이죠. 부채가 자본으로 변경된다면 재무제표에 어떤 효과가 있을까요? 재무비율 측면에서 살펴보면, 부채비율이 개선되고 갚아야 할 부채가 없어졌으니 현금흐름 관점에서는 유리하다고 판단할 수 있습니다.

### 전환사채 전환권 행사 회계처리(예시) <sup>(단위 : 만 원)</sup>

| 전환사채 발행(20x1.1.1) | | 전환권 행사 가정(20x2.12.31) | |
| --- | --- | --- | --- |
| 구 분 | 금 액 | 구 분 | 금 액 |
| 부채 | | 부채 | |
| **전환사채** | ② 700 | **전환사채** | ③ 700-700 = 0 |
| 자본 | | 자본 | |
| 자본금 | ① 500 | **자본금** | ④ 500+700=1,200 |
| 부채와 자본합계 | 1,200 | 부채와 자본합계 | 1,200 |

둘째, 투자자가 전환권을 행사하는 경우 지분율 변화입니다. 회사는 투자자의 전환권 행사로 인해 주식을 발행해 주었는데 지분율이 어떻게 변화되었나요? 창업자는 최초 주식 수 1,000주, 액면 5,000원으로 자본금 500만 원을 납입했습니다. 이후 투자자가 전환권을 행사해서 1,400주를 발행해 주었죠. 그 결과 창업자 지분율은 42%로 줄어들게 됩니다. 엄청난 대가로 보입니다. 전환사채 이자와 원금을 갚지 않는 대신 지분율을 내어주는 것이죠. 결국 창업자(기존 주주)는 전환사채가 전환될 때 자신의 지분율이 낮아질 수 있음을 염두 해야 합니다.

**투자자의 전환권 행사로 인한 지분율 변화(예시1)** (단위 : 주, %)

| 주주명부(최초) | | | 주주명부(주식 추가 발행 후) | | |
| --- | --- | --- | --- | --- | --- |
| 주주명 | 주식수 | 지분율 | 주주명 | 주식수 | 지분율 |
| 창업자 | 1,000 | 100% | 창업자 | 1,000 | 42% |
| | | | 투자자 | 1,400 | 58% |
| 합 계 | 1,000 | 100% | 합 계 | 2,400 | 100% |

예시에서는 전환사채 5,000원당 보통주 1주로 전환될 수 있음을 가정한 경우입니다. 이처럼 전환사채를 주식으로 전환할 때 적용되는 1주당 가격을 "전환가액"이라고 합니다. 만약 전환사채 발행 시 전환가액이 10,000원이라

면 결과는 어떻게 될까요? 이 경우 전환권 행사로 인해 발행하는 주식 수는 700주(700만 원 / 10,000원)가 됩니다. 창업자의 지분율은 다음과 같이 59% 수준으로 변동됨을 알 수 있습니다.

**투자자의 전환권 행사로 인한 지분율 변화(예시2)** (단위 : 주, %)

| 주주명부(최초) | | | 주주명부(주식 추가 발행 후) | | |
| --- | --- | --- | --- | --- | --- |
| 주주명 | 주식수 | 지분율 | 주주명 | 주식수 | 지분율 |
| 창업자 | 1,000 | 100% | 창업자 | 1,000 | **59%** |
| | | | **투자자** | **700** | **41%** |
| 합계 | 1,000 | 100% | 합계 | 1,700 | 100% |

 결국, 전환가액이 낮을수록 전환사채 전환 시 발행되는 주식 수는 많아지므로 기존 주주들의 지분율 감소는 더 커지게 됩니다. 따라서 창업자(기존 주주)로서는 전환가액을 높게 협상하는 것이 지분율 측면에서 유리합니다. 전환가액은 기업가치를 기준으로 투자자와의 협상으로 이루어지는 측면이 있으므로 기업가치를 높게 설득하고 인정받을 수 있도록 노력해야 합니다. 그 출발점은 재무제표에 있습니다.

 셋째, 전환권 행사 주체입니다. 전환권을 행사할지의 선택권은 회사와 투자자 누구에게 있을까요? 아쉽지만 투자자에게 있습니다. 투자자가 자신에게 유리한 옵션을 행사하는 것이죠. 투자자는 회사의 주가가 오르면 전환권을 행사해서 주식으로 전환하고 반대의 상황이라면 사채로 유지해서 원금과 이자를 상환받은 것이 유리합니다. 경영자로서는 투자에 대한 대가로 투자자의 선택에 따라 주식 또는 현금으로 갚아야 하는 것임을 명심하세요.

지금까지 전환사채에 대해 살펴보았습니다. 전환사채는 사채인 부채와 주식인 자본 중간에 있는 자본조달 방식으로 짬짜면과도 같은 선택지라고 할 수 있습니다. 전환사채를 발행해서 조달한 금액은 재무제표에 부채로 반영되고 향후 투자자가 해당 전환사채를 주식으로 전환하는 경우 부채가 자본으로 대체됩니다. 경영자는 부채인 전환사채에 대해 원금과 이자 상환의무를 부담하고, 자본으로 전환되면 기존 주주의 지분율이 감소할 수 있음을 숙지하고 있어야 합니다.

전환권 행사로 발행하는 주식 수는 전환가액에 의해 결정되었죠. 전환가액이 높을수록 발행하는 주식 수는 적어지므로 지분율 방어 측면에서는 전환가액이 높은 것이 유리하고, 여러 요인 중 하나로 높은 기업가치를 인정받을 수 있도록 투자자와 협상하는 것이 중요합니다. 무엇보다 전환권은 투자자가 가진 옵션이었죠. 투자 유치를 희망하는 경영자는 짬뽕과 짜장의 메뉴를 선택할 입장이 되지 못하는 경우인 듯합니다. 기업가치가 오르면 투자자에게 주식을 내어주어야 하고, 반대의 경우라면 정해진 이자와 원금을 갚아야 합니다.

자본과 부채라는 기본 메뉴에 새롭게 생겨난 메뉴로 인해 다양한 시나리오가 전개되고 이야기의 흔적은 재무제표에 남게 됩니다. 경영자는 이 시나리오가 재무제표에 어떻게 반영될지를 미리 숙지하고 있어야 합니다. 재무제표가 보여주는 이야기의 시작과 완성을 경영자가 함께해야 합니다.

# 세 가지 맛의 스페셜 메뉴
## : 상환전환우선주

　자본조달에서 부채와 자본의 성격을 동시에 지닌 전환사채에 대해 살펴보았습니다. 짬짜면과도 같은 성격을 가지고 있었죠. 메자닌 성격을 가진 또 다른 투자유치 수단으로 상환전환우선주가 있습니다. 전환사채는 전환과 사채로 이루어졌었는데, 상환전환우선주는 무언가 세 개가 합쳐진 듯합니다. 상환전환우선주의 의미와 성격, 재무제표에는 어떻게 반영되는지 창업자가 고려해야 할 사항은 무엇인지를 살펴보도록 하시죠.

## • 상환전환우선주 : 우선주 + 상환 + 전환

상환전환우선주(RCPS, Redeemable Convertible Preference Shares)는 약정된 기간이 되면 채권처럼 상환받거나 발행회사의 보통주로 전환할 수 있는 권리가 부여된 우선주식을 의미합니다. 상환전환우선주의 법적 형식은 우선주입니다. "우선주"는 일반적인 보통주와는 다른 특징을 가지는 주식의 종류입니다. 보통주에 비해 배당이나 잔여재산 분배에 우선권을 부여하거나 의결권이 제한되는 경우 등이 있습니다. 쉽게 생각해서 우선주는 주식의 한 종류이고, 상환전환우선주는 상환권과 전환권을 모두 가지는 우선주에 해당합니다.

"상환권"은 투자자가 투자한 돈을 갚으라고 기업에게 상환을 요구할 수 있는 권리입니다. 기업의 성장이 예상대로 되지 않을 때 투자 원금과 사전에 약정된 이자를 회수하기 위한 일종의 안전장치라고 할 수 있겠네요. "전환권"은 전환사채의 경우와 같이 우선주를 보통주로 전환할 수 있는 권리입니다. 투자자는 상환권과 전환권 중 자신에게 유리한 것을 선택할 수 있습니다. 투자자는 자금을 투자한 이후에 기업 가치가 상승한다면 보통주식으로 전환을 하고 반대의 경우라면 정해진 원금과 이자를 갚으라고 상환권을 행사할 수 있습니다.

예시를 살펴보겠습니다. 자본금 500만 원(주식 수 1,000주, 액면 5,000원)으로 설립된 회사가 상환전환우선주를 발행하고 투자자로부터 700만 원을 조달하는 경우입니다.

**상환전환우선주 발행(예시)**

- **발행금액** : 700만 원(주식수 1,000주, 1주당 7,000원) **이자율** : 연 10%, **만기** : 3년
- **발행일** : 20X1년 1월 1일, **만기일** : 20X3년 12월 31일
- **상환권** : 발행 후 1년 시점부터 만기까지 투자금 상환청구 가능(원금+발생이자)
- **전환권** : 발행 후 1년 시점부터 만기까지 7,000원당 보통주식 1주로 전환 가능

발행회사 입장에서 현금흐름입니다.

상환전환우선주의 법적 형식은 주식이라고 했습니다. 따라서 상환전환우선주 발행금액은 기본적으로 자본으로 반영된다고 생각하면 됩니다. 회사는 최초 보통주 1,000주, 액면 5,000원으로 500만 원을 납입해 설립되었고 이 금액은 자본금에 반영됩니다(①). 조금 더 구체적으로 표현하면 보통주자본금입니다. 상환전환우선주 발행금액 700만 원 중 1주당 액면 5,000원에 해당하는 500만 원(1,000주 x 5,000원)(②)은 자본금 항목 중 "우선주자본금"에, 액면금액을 초과해서 납입된 200만 원(1,000주 x 2,000원)(③)은 자본잉여금 항목 중 주식발행초과금에 표시됩니다. 재무상태표에서 자본의 구성은 자본은 보통주자본금 500만 원과 우선주자본금 500만 원(①+②), 자본잉여금 200만 원(③)으로 구성되었습니다.

**자본의 구성 : 자본잉여금** (단위 : 만 원)

| 최초 설립 | | 상환전환우선주 발행 | | |
|---|---|---|---|---|
| 구 분 | 금 액 | 구 분 | | 금 액 |
| 자본금 | 500 | 자본금 | | 1,000 |
| 보통주자본금 | ①   500 | **보통주자본금** | ① | **500** |
| | | **우선주자본금** | ② | **500** |
| | | 자본잉여금 | | |
| | | **주식발행초과금** | ③ | **200** |
| 자본 합계 | 500 | 자본 합계 | | 1,200 |

상환전환우선주 발행금액 중 액면 해당액은 우선주자본금, 액면초과 발행금액은 자본잉여금(주식발행초과금)에 반영되었습니다. 발행일로부터 1년 경과 이후 투자자가 상환권을 행사한다면 재무상태표에 반영되어 있던 상환전환우선주의 흔적인 우선주자본금과 주식발행초과금을 제거하고 상환 시점까지의 이자와 함께 원금 700만 원을 상환해야 합니다. 만약 투자자가 전환권을 행사한다면 우선주자본금을 보통주자본금으로 대체시켜 주면 됩니다. 전환권 행사의 경우 현금 수반은 없고 우선주가 보통주로 형식만 변경되기 때문입니다.

  상환전환우선주의 전반적인 구조는 전환사채와 비슷한 듯 보입니다. 유사점과 차이점은 무엇이 있을까요? 상환전환우선주에서 고려할 사항들을 몇 가지 살펴보겠습니다.

  첫째, 지분율입니다. 전환사채와 상환전환우선주 모두 전환권이 행사되면 보통주를 발행하고 기존 주주의 지분율이 감소합니다. 상환전환우선주는 의결권이 부여되는 경우가 있어 발행 시점부터 기존 주주 지분율이 감소할 수 있다는 점을 고려해야 합니다. 전환사채는 법적으로 주식이 아닌 채권이므로 전환권이 행사되어 주식으로 전환되기 전에는 의결권이 없습니다. 예시의 경우 최초 설립 시 보통주식수 1,000주인 상태에서 상환전환우선주 1,000주가 의결권이 부여되었다면 발행 시점에 기존 주주의 지분율은 50%로 감소하게 됩니다.

둘째, 상환전환우선주는 법적 형식이 주식이라고 했는데, 상황에 따라 원금과 함께 이자까지 계산해서 갚아야 하는 경우가 생기니 주식이 아닌 것 같기도 하네요. 상환전환우선주는 자본이지만 언제든 부채가 될 수 있다는 점을 유념해야 합니다. 장단점은 무엇이었나요? 자본이면 갚지는 않아도 되고 부채비율 측면에서 유리하지만, 지분율이 감소하고, 부채라면 반대로 지분율은 영향이 없지만 부채비율이 악화하고 상환금액에 대한 자금 부담이 생깁니다.

셋째, 상환전환우선주는 자본과 부채의 중간 지점에서 우선주와 상환권, 전환권의 조합으로 이루어진 특별메뉴와도 같습니다. 메뉴의 선택권은 누구에게 있을까요? 이 역시 기본적으로 투자자가 선택할 수 있다는 옵션이라는 점을 유념해야 합니다. 자금 유치는 경영자와 투자자 협상으로 이루어지겠지만 옵션의 행사 주체라는 측면에서 상환전환우선주 또한 전환사채와 같이 투자자에게 다소 유리한 측면이 있습니다. 상환전환우선주 조달 금액 또한 언젠가는 돈으로 또는 지분으로 갚아야 할 대상이라는 사실을 경영자는 다시 한번 생각해야 합니다.

결론적으로, 상환전환우선주는 자본과 부채의 중간에 있는 특별한 메뉴이지만, 그 안에는 원금 상환의무와 지분 희석이라는 대가가 숨어 있습니다. 상환권과 전환권의 선택권은 경영자가 아닌 투자자입니다. 기업 가치가 오르면 투자자는 지분으로, 떨어지면 상환을 요구할 것입니다. 세상에 공짜는 없다는 사실을 명심하고, 스페셜 메뉴가 재무제표에 어떤 이야기를 쓸지 미리 숙지해야 합니다.

# 재무제표 학습정리
## : First Wrap-up

　지금까지 우리는 정신없이 바쁜 경영자로서 재무제표의 기본 원리를 살펴보았습니다. 떨리는 소개팅 대화부터 시작된 이 여정은, 외계어 같던 재무제표가 회사의 이야기를 들려주는 언어임을 깨닫는 소중한 시간이었습니다. 이제 잠시 멈춰 서서 그동안 배운 내용을 복습해 보겠습니다.

## ● 1년 간 회사의 성적표 : 손익계산서

**손익계산서**

|  | 매출액 |
|---|---|
| (-) | 매출원가 |
|  | 매출총이익 |
| (-) | 판매관리비 |
|  | 영업이익 |
| (+/-) | 영업외수익(비용) |
| (-) | 법인세 |
|  | 당기순이익 |

> 일정 기간 번 돈과 쓴 돈을 보여주는 것이 손익계산서라고 했습니다. 회계에서 번 돈을 수익, 쓴 돈을 수익이라 하고 수익에서 비용을 차감하면 이익이 산출됩니다. 수익보다 비용이 많이 들면 손실이고요. 수익을 영업수익과 영업외수익으로 구분하고 비용도 영업비용과 영업외비용으로 구분했습니다.

영업수익은 매출액이라 표현하고 기업 본연의 영업활동을 통해 창출한 수익입니다. 제품매출, 상품매출, 서비스매출, 용역매출 등 무엇을 하는 회사인가를 생각해 보면 됩니다. 영업비용은 영업수익을 창출하기 위해 발생한 비용으로 업종에 따라 매출원가와 판매관리비로 구분할 수 있습니다.

매출원가는 매출 창출을 위해 직접 드는 비용으로 제품 제조를 위한 원재료 구매비용과 인건비, 상품 구입비용, 외부업체 지급비용 등입니다. 판매관리비 관리부서 인건비, 복리후생비, 복리후생비, 임차료, 세금공과금 등으로 구성됩니다. 영업활동 이외에서 발생하는 이자수익, 주식평가/처분이익과 이자비용, 주식평가/처분손실 등이 각각 영업외수익과 영업외비용에 속합니다.

　영업수익과 영업비용 구분에 따라 이익의 종류도 몇 가지로 구분되었죠. 매출액에서 매출원가를 차감한 매출총이익, 매출총이익에서 판매관리비를 차감한 영업이익, 영업이익에서 영업외수익과 비용을 가감하고 법인세비용까지 차감한 당기순이익 세 가지 이익이 등장합니다. 정보제공 측면에서 어떤 것이 더 적합한 정보인지를 생각해 보면 되겠습니다. 어떤 이익이 중요한가요? 정답은 없지만, 기업 본연의 성과를 보여주는 영업이익이 기업가치 측면에서는 중요하다고 했습니다.

　손익계산서 주요 비율로 매출액 대비 매출원가율, 매출총이익율. 영업이익율이 있습니다. 매출액 크기도 중요하지만 이를 달성하는데 소요되는 영업비용이 어느 정도인지를 답할 수 있어야 합니다.

여기서 그치면 안 되었지요. 우리 회사의 손익계산서는 어떻게 생겼는지를 파악해 봐야 합니다. 경영자의 머릿속에 있는 수익과 비용이 손익계산서에 잘 반영되어 있는지, 현재의 모습을 살펴보고 더욱 중요한 미래의 모습을 설계해 보세요.

IIIIIIIIIIIIIIIIIIIIIIIIIII
- **현재 회사의 재산 목록 : 재무상태표**

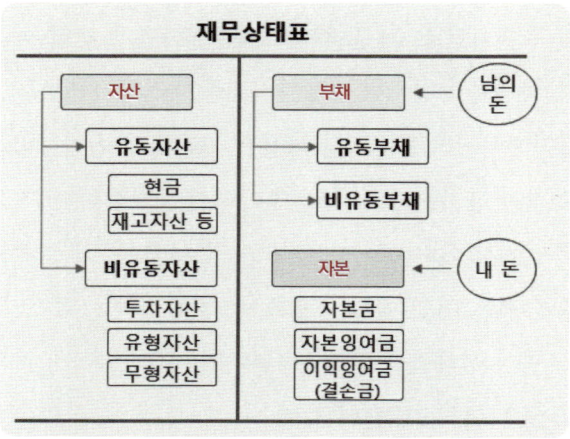

재무상태표는 자산과 부채를 보여줍니다. 자산은 돈이 되는 총재산, 부채는 갚을 돈, 자산에서 부채를 차감한 것이 자본입니다.

돈이 되는 자산에는 현금, 예금, 재고자산, 투자자산,

유·무형자산 등이 있고, 일정 기간 후에 지급해야 할 외상매입대금, 외부용역비 임직원급여, 은행차입금 등이 갚아야 할 부채입니다.

자산과 부채를 1년 기준으로 유동과 비유동으로 구분했었죠. 1년 이내/이후 돈이 되는 자산이 각각 유동자산/비유동자산입니다. 부채도 1년 이내 갚아야 할지로 유동부채, 비유동부채로 구분했습니다. 유동비율이 무엇이었나요? 유동비율은 1년 이내 갚아야 할 유동부채 대비 1년 이내 돈이 되는 유동자산이 차지하는 비율입니다.

자본은 자산에서 부채를 차감해서 구해집니다. 부채가 자본의 몇 배인지를 나타내는 지표가 부채비율이었죠. 절대적인 수치는 없지만, 일반적으로 유동비율은 높을수록, 부채비율은 낮을수록 양호하다고 판단할 수 있습니다. 동종기업 비율과 비교하고 우리 회사의 비율은 어떻게 변동되고 있는지 확인할 필요가 있습니다.

우리 회사에 돈이 되는 자산과 갚아야 할 부채 항목은 무엇이고 금액은 얼마인가요? 유동항목과 비유동항목은 어떻게 구분되어 있나요? 부채비율과 유동비율은 적정한가요? 확인하고 답해보세요.

## • 유기적으로 연결된 회사의 이야기
## : 재무상태표와 손익계산서

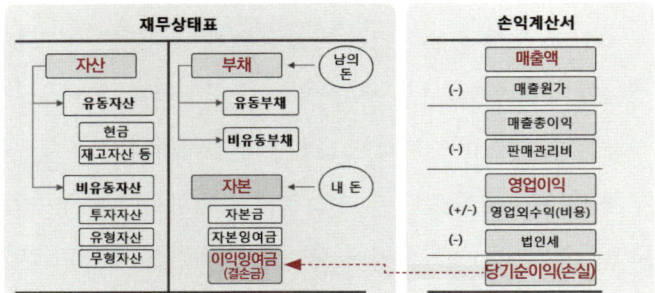

손익계산서와 재무상태표를 연결해 볼 차례입니다. 자본의 구성에서 살펴보았죠. 자본은 자산에서 부채를 차감해서 구해지고, 구체적으로는 자본금, 자본잉여금, 이익잉여금(또는 결손금)으로 구성됩니다.

자본금은 발행된 주식 발행으로 납입된 금액 중 액면해당액, 자본잉여금(주식발행초과금)은 액면을 초과해서 납입된 금액입니다. 손익계산서에서 산출된 이익 또는 손실이 재무상태표 자본 항목에 이익잉여금 또는 결손금으로 합산됩니다. 손익계산서는 이익(또는 손실)을 산출하면 임무를 완료하고 결과물을 재무상태표 자본 항목으로 넘겨주게 됩니다. 이처럼 재무상태표와 손익계산서는 각자의 역할을 하며 유기적으로 연결되어 있습니다.

자본잠식은 무엇이었나요? 결손금이 자본잉여금을 잠식하고 자본금을 잠식하면 "자본잠식"이라고 하고, 자본금까지 완전히 잠식해서 자본 합계가 음수(-)가 되는 경우를 "완전 자본잠식"이라 표현합니다. 질문과 답을 해볼 차례입니다. 우리 회사의 자본은 어떻게 구성되어 있나요? (완전) 자본잠식은 아닌가요?

자금 조달에 따른 재무제표 변동도 살펴보았습니다. 주식 발행으로 자금을 조달하는 자기자본 조달, 남에게 빌려오는 타인자본 조달이었죠. 재무상태표에서 각각 자본과 부채로 반영됩니다. 자본은 갚지 않아도 되지만 기존 주주의 지분율이 감소했고, 부채는 지분율에 영향이 없는 반면 원금과 이자를 갚아야 하는 자금 부담이 발생합니다. 짬짜면과도 같은 메자닌 방식으로 전환사채와 상환전환우선주도 살펴보았습니다. 투자자의 선택에 따라 자본으로 전환되거나 원금과 이자를 갚아야 하는 자본과 부채의 성격을 모두 지닌 특별 메뉴입니다. 이러한 자본조달 방식이 우리 회사 재무제표에 어떠한 이야기를 써 내려갈지를 답해 보세요.

즐거운 복습의 시간, 수고 하셨습니다! 이제 우리는 단순한 숫자를 넘어 회사의 진정한 모습을 읽어내고 재무제표가 들려주는 이야기를 감상할 준비가 되었습니다.

# Part. 3

## 스케일업 회계성장통 1

# 왼쪽과 오른쪽에 숨겨진 재무제표 출생의 비밀

　우리는 재무제표 개념에 대해 이해했습니다. 손익계산서에는 수익과 비용, 재무상태표에는 자산과 부채가 표시된다고 했습니다. 회계 지식이 없는 상태에서도 메모지에 손익계산서와 재무상태표를 멋있게 작성해 보았습니다. 이제 한 걸음 더 나아가 재무제표가 회계의 영역에서 어떤 과정을 통해 작성되는지 살펴보도록 하겠습니다. 선택사항이라 할 수 있겠지만, 직접 재무제표를 작성해 보는 실습까지 함께 할 수 있으니 기대할 만합니다.

　경영자라면 회사의 재무제표가 어떻게 간들어지는지 알 필요가 있습니다. 아마도 스타트업 대부분은 재무제표 작성을 외부 세무회계 사무소에 맡기고 있으리라 생각되네요. 중소기업, 대기업에 비해 자금과 인력이 상대적으로 충분하지 못해 조직 내부에 자체적인 회계팀을 아직 구성하지 못한 경우일 것입니다.

우선 한 가지를 명심해야 합니다. 누구도 먼저, 알아서 잘 챙겨주지 않는다는 사실입니다. 세무회계 사무소에 재무제표 작성 업무를 맡겼다고 해서 안심할 수만은 없다는 뜻입니다. 저도 회계법인에서 해당 업무를 하고 있지만, 솔직히 고백하자면 알아서 먼저 잘 챙겨드리지는 못합니다. 경영자 본인이 스스로 기본은 알고 대화하고 요구할 수 있어야 합니다. 재무제표가 어떻게 작성되는지 알아보겠습니다.

### • 거래를 두 개의 영역에 기록

재무제표를 작성하는 방법을 회계에서 복식부기라고 합니다. 한 번쯤 들어보았을 것 같네요. 부기는 장부에 기록하는 것을 의미하고 복식은 두 개를 뜻합니다. 복식부기는 두 군데에 기록한다는 의미입니다. 거래를 두 개의 영역에 기록하는 정도로 이해하면 되겠습니다. 두 개의 영역이 차변과 대변입니다. 왼쪽과 오른쪽이라 표현하겠습니다. 결론적으로 복식부기는 거래를 두 개의 영역, 왼쪽과 오른쪽에 기록하는 방법입니다.

핵심은 두 가지입니다. 거래를 왼쪽과 오른쪽에 기록한다고 했으니, 첫 번째로 거래에 대해 살펴보아야 합니다. 다행히 우리는 이미 답을 알고 있습니다. 재구상태표에 표시되는 자산과 부채, 손익계산서에 표시되는 수익과 비용입니다. 즉 거래는 자산과 부채, 수익과 비용입니다. 뜻도 알고 있습니다. 자산은 돈이 되는 재산, 부채는 갚을 돈, 수익은 번 돈, 비용은 쓴 돈입니다. 여기까지 하면 복식부기의 절반이 완성됩니다. 정말입니다. 모든 거래를 수익, 비용, 자산, 부채로 구분하면 됩니다.

두 번째는 왼쪽과 오른쪽입니다. 첫 번째 단계에서 파악한 거래, 즉 수익, 비용, 자산, 부채를 왼쪽과 오른쪽 두 개의 영역에 기록하면 됩니다. 여기서 규칙이 필요하겠지요. 각각의 거래가 기록되어야 할 장소, 왼쪽 또는 오른쪽을 정해주어야 합니다. 규칙은 무엇일까요? 자산과 비용은 왼쪽, 나머지는 오른쪽입니다. 거래가 가야 할 곳을 정해주면 복식부기의 완결입니다. 복식부기는 아래 두 줄로 요약됩니다.

- 복식부기 1단계 : 거래를 수익, 비용, 자산, 부채로 구분
- 복식부기 2단계 : 자산과 비용을 왼쪽에, 나머지는 오른쪽에 기록

## • 거래의 분류와 왼쪽/오른쪽 정하기

복식부기 실습시간입니다. 청춘남녀의 소개팅 장소로 잠시 돌아가 보겠습니다. 목표는 두 가지 질문에 대한 영수의 답을 복식부기를 통해 작성해 보는 것입니다.

1단계입니다. 거래를 분류하고 기록할 위치를 결정해 보겠습니다. 영수의 거래는 무엇이 있었나요? 머릿속으로 할 수도 있지만, 학습 목적상 표로 정리해 보겠습니다.

| 거래 | | 결 과 | 원 인 |
|---|---|---|---|
| 거래1 | 월급 2,400만 원 수령 | ❶ 현금 2,400만 원 증가 | ❷ 월급 2,400만 원 창출 |
| | | 자산(현금) 증가 | 수익(월급소득) 증가 |
| | | 왼쪽 | 오른쪽 |
| 거래2 | 생활비 등 1,200만원을 지출 | ❸ 현금 1,200만 원 감소 | ❹ 생활비 등 1,200만 원 발생 |
| | | 자산(현금) 감소 | 비용(생활비 등) 증가 |
| | | 오른쪽 | 왼쪽 |

| | | | |
|---|---|---|---|
| 거래3 | 적금 1,200만 원을 불입 | ❺ 적금 1,200만 원 증가<br>자산(적금) 증가<br>왼쪽 | ❻ 현금 1,200만 원 적금 불길<br>자산(현금) 감소<br>오른쪽 |
| 거래4 | 은행에서 3,000만 원을 빌림 | ❼ 현금 3,000만 원 증가<br>자산(현금) 증가<br>왼쪽 | ❽ 3,000만 원을 대출받음<br>부채(대출금) 증가<br>오른쪽 |
| 거래5 | 자동차를 3,000만 원에 구입 | ❾ 자동차 3,000만 원 증가<br>자산(자동차) 증가<br>왼쪽 | ❿ 현금 3,000만 원을 지불<br>자산(현금) 감소<br>오른쪽 |

영수의 거래는 위와 같이 5개로 이루어져 있습니다. 거래 1에 대해 살펴보겠습니다. 1년간 현금 2,400만 원이 증가했습니다. 왜 증가했나요? 회사에서 근무했기 때문입니다. 수익 창출 활동을 한 것이죠. 모든 거래에는 원인과 결과가 있습니다. 복식부기 1단계 거래의 분류입니다. 증가한 현금은 거래의 분류상 무엇인가요? 돈이 되는 자산입니다. 월급 창출 활동은 회계상 수익으로 분류할 수 있습니다. 기록할 위치입니다. 자산과 부채는 왼쪽이고 나머지는 오른쪽이라 했습니다. 증가한 현금은 자산으로 왼쪽, 월급은 수익으로 오른쪽입니다.

거래 2 하나만 더 해보겠습니다. 현금이 1,200만 원 감소했습니다. 원인은 무엇인가요? 생활비가 발생했기 때문이죠. 현금은 자산, 생활비는 비용입니다. 현금은 자산으로 왼쪽에 기록됩니다. 다만, 이 거래에서는 자산이 감소했기 때문에 원래의 위치 반대쪽인 오른쪽으로 가면 됩니다. 증가한 생활비, 비용은 왼쪽입니다. 자산과 비용은 왼쪽, 나머지는 오른쪽, 한 가지를 추가한다면 해당 거래가 감소하는 경우는 반대쪽으로 가면 됩니다. 다른 거래에 대해서도 한번 해 보세요. 재미를 느낀다면 대성공일 것입니다.

## • 정해진 곳에 기록하기 : 분개

거래를 분류했고 분류된 거래가 기록되어야 할 위치도 정했습니다. 이제 기록하면 됩니다. 참고로 이를 분개(分介)라 합니다. 분개는 거래를 왼쪽과 오른쪽으로 나누어 적는 것을 의미합니다. 재무제표 작성을 외부에 맡기는 경우 세무회계사무소에서 실제로 회계프로그램에 입력하는 과정입니다.

(단위 : 만 원)

|  | 차변(왼쪽) |  | 대변(오른쪽) |  |
|---|---|---|---|---|
| 거래1 | ❶ 현금(자산 증가) | 2,400 | ❷ 월급(수익 발생) | 2,400 |
| 거래2 | ❹ 생활비 등(비용 발생) | 1,200 | ❸ 현금(자산 감소) | 1,200 |
| 거래3 | ❺ 적금(자산 증가) | 1,200 | ❻ 현금(자산 감소) | 1,200 |

| 거래4 | ❼ 현금(자산 증가) | 3,000 | ❽ 차입금(부채 증가) | 3,000 |
| 거래5 | ❾ 자동차(자산 증가) | 3,000 | ❿ 현금(자산 감소) | 3,000 |

## |||||||||||||||||||||||||||
• **복식부기의 완성 : 재무제표 탄생**

분개가 수행되면 각자가 가야 할 곳으로 모이면 재무제표가 탄생합니다. 거래가 가야 할 곳은 어디인가요? 수익과 비용은 손익계산서, 자산과 부채는 재무상태표! 이제 조금씩 익숙해지면 좋겠네요. 참고로 더하기 빼기 기능이 필요합니다.

(단위 : 만 원)

| 손익계산서 | | | 재무상태표 | | |
|---|---|---|---|---|---|
| I. 수익 | | | I. 자산 | | |
| 월급수익 | 2,400 | ❷ | 현금 | 0 | ❶❸❻+❼❿ |
| | | | 적금 | 1,200 | ❺ |
| II. 비용 | | | 자동차 | 3,000 | ❾ |
| 생활비 | 1,200 | ❹ | 자산합계 | 4,200 | |
| | | | II. 부채 | | |
| | | | 대출금 | 3,000 | ❽ |
| III. 이익(I-II) | 1,200 | | III. 자본(I-II) | 1,200 | |

Part.3 스케일업 회계성장통 1

거래를 수익, 비용, 자산, 부채로 분류하고, 기록할 위치를 정해서 복식부기 개념을 정복하고 실습까지 해 보았습니다. 직접 재무제표 작성을 하지 않더라도 장부가 어떻게 만들어지는지 정도는 알고 있어야 합니다. 알아야 보이고 아는 만큼 물어볼 수 있기 때문입니다. 스스로 챙기고 물어보고 필요한 것을 요구할 수 있어야 합니다. 외부에 맡기는 경우라도 재무제표 작성 책임은 회사에 있습니다. 이는 마치 맞벌이 부부가 육아를 다른 사람에게 맡겼더라도 양육책임은 부모에게 있는 것과 유사합니다.

## • 뿌린대로 거두는 재무제표

그래서 재무제표 탄생의 비밀은 무엇일까요? 답은 무궁무진합니다. 분개를 떠올려보세요. 자산, 부채, 수익, 비용? 왼쪽, 오른쪽? 무엇이 되었든 "입력한 대로 표시된다"입니다. 뿌린 대로 거둔다는 속담이 생각나네요.

지금 우리 회사 재무제표에 표시되는 이야기는 어떻게 탄생하고 있는지, 누구에 의해 관리되고 있는지, 잠시 관심을 기울이고 살펴보세요. 재무제표는 잘 양육되고 있나요?

# 모솔 탈출을 위한 재무제표의 비밀

　재무제표 출생의 비밀을 조금 더 알기 위해 영수와 영자의 소개팅 장소를 잠시 다시 방문해 보아야겠습니다. 우황청심환의 힘을 빌려 소개팅을 무사히 끝낸 영수는 어려운 과제를 마무리했습니다. 질문 2개에 대한 답을 보내달라는 영자의 요구에 아래와 같이 재무제표를 작성해서 전달해 주었습니다.

　영수의 모태솔로 탈출이 쉽지는 않네요. 또 다른 결혼 후보자 광수가 등장했습니다. 영자는 영수와 광수의 재무제표를 비교하며 누가 자신의 배우자로 더 적합할지 고민에 빠지게 되었네요. 두 재무제표를 비교해 보시죠.

**영수 재무제표** (단위: 만 원)

| 손익계산서 | | 재무상태표 | |
|---|---|---|---|
| 수익 | 2,400 | 자산 | 4,200 |
| 비용 | 1,200 | 부채 | 3,000 |
| 이익 | 1,200 | 자본 | 1,200 |

VS

**광수 재무제표** (단위: 만 원)

| 손익계산서 | | 재무상태표 | |
|---|---|---|---|
| 수익 | (a) 9,000 | 자산 | 3억 5천 |
| 비용 | 4,000 | 부채 | 6,000 |
| 이익 | (b) 5,000 | 자본 | (c) 2억 9천 |

　영수와 광수, 누가 더 우수한 신랑감으로 생각되나요? 재무제표만을 선택기준으로 가정한다면, 손익과 재무상태 모두 광수가 우수해 보입니다. 광수는 수익도 억대 연봉(a)에 가깝고 비용을 차감해도 5천만 원(b)이 남고, 자산에서 부채를 차감한 순재산(c)도 3억 원 정도 있으니, 영수보다 우수한 신랑감으로 판단되네요.

　그런데 만약 광수의 재무제표에 아래와 같은 비밀이 숨겨져 있다면 어떻게 될까요?

① 자산 3억 5천만 원은 아파트 2억 원과 외제차량 1억 5천만 원으로 구성되어 있는데, 아파트 2억 원은 광수가 아닌 광수 부모님의 재산이라면?
② 외제차량 1억 5천만 원 중 1억 원은 은행에서 빌려온

돈으로 구입했는데, 해당 금액은 부채에 표시되지 않았다면?

③ 광수의 실제 연봉은 9천만 원이 아닌 5천만 원이라면?

상기 사항을 반영해서 광수의 재무제표는 수정되어야 합니다. 어떻게 변동될까요?

광수 재무제표(수정 전)(단위:만 원)

| 손익계산서 | | 재무상태표 | |
|---|---|---|---|
| 수익 | 9,000 | 자산 | 3억 5천 |
| 비용 | 4,000 | 부채 | 6,000 |
| 이익 | 5,000 | 자본 | 2억 9천 |

광수 재무제표(수정 후)(단위:만 원)

| 손익계산서 | | 재무상태표 | |
|---|---|---|---|
| 수익 | ③ 5,000 | 자산 | ① 1억 5천 |
| 비용 | 4,000 | 부채 | ② 1억 6천 |
| 이익 | 1,000 | 자본 | (-)1,000 |

자산은 3억 5천만 원에서 광수 자산이 아닌 2억 원을 차감해서 1억 5천만 원(①)으로 수정되고, 부채는 6천만 원에서 은행에서 빌려온 1억 원이 누락 되었으므로, 이를 가산해서 1억 6천만 원(②)으로 변경됩니다. 그 결과 자산에서 부채를 차감한 자본은 음수(-)로 산출되네요. 가진 것보다 갚아야 할 것이 더 많다는 의미입니다. 실제 연봉은 5천만 원이라고 했으니 손익계산서에 표시되었던 수익 9천만 원은 5천만 원(③)으로 수정되어 수익에서 비용을 차

감한 이익은 1천만 원으로 도출됩니다.

  이제 신랑감 선택을 다시 고민해 보아야 할 것 같네요. 영자의 선택은 어떻게 될까요. 선택은 영자의 몫입니다. 재무제표가 나와 무슨 상관이야? 재무제표가 왜 중요한지 모르겠어. 이런 의문이 들 수도 있지만, 예시와 같이 재무제표는 의사결정에 큰 영향을 미칠 수 있습니다. 만약 영자가 광수의 첫 번째 재무제표를 기준으로 결혼 상대를 선택했다면 예상과는 반대의 상황을 맞이할 수도 있죠.

**영수 재무제표**(단위:만 원)

| 손익계산서 | | 재무상태표 | |
|---|---|---|---|
| 수익 | 2,400 | 자산 | 4,200 |
| 비용 | 1,200 | 부채 | 3,000 |
| 이익 | 1,200 | 자본 | 1,200 |

vs

**광수 재무제표(수정 후)**(단위:만 원)

| 손익계산서 | | 재무상태표 | |
|---|---|---|---|
| 수익 | 5,000 | 자산 | 1억 5천 |
| 비용 | 4,000 | 부채 | 1억 6천 |
| 이익 | 1,000 | 자본 | (-)1,000 |

  우리 일상에도 재무제표는 많은 영향을 미칩니다. 세금을 내고 보증기관에서 보증과 은행에서 대출을 받고, 정부지원금을 받고 주식투자를 하고, 투자금을 유치하는 과정 등에서 재무제표는 중요한 판단 기준 중 하나에 속합니다. 생존이 어려운 기업의 추가자금 조달을 위한 대출 여부와 상장사의 상장폐지 사유로서 기업의 존폐를 가르기도 합

니다. 부정한 재무제표로 누군가가 세금을 적게 낸다면, 누군가는 그만큼 더 내야 할텐데 바로 지금 열심히 공부하는 우리 자신일 수 있습니다.

    재무제표 출생의 첫 번째 비밀은 복식부기에서 살펴본 바와 같이 자산, 부채, 수익, 비용, 왼쪽, 오른쪽? 입력한 대로 출력된다는 것입니다. 이제부터는 출력된 결과물 속에 숨겨진 비밀 이야기를 읽어내는 능력이 중요합니다. 어떻게 볼 수 있을까요? 아는 만큼 보입니다. 우리 회사의 재무제표를 열어보고, 어떤 이야기가 숨겨져 있을지 질문을 던지며 하나씩 풀어가 보시죠. 영수의 모태솔로 탈출도 함께 기원해 주시고요.

# 지우개로 이해하는 회계이슈의 본질

　재무제표 학습에 이어 재무제표 출생의 비밀 두 가지를 알아보았습니다. 복식부기라는 과정을 통해 입력한 대로 출력된다는 것과 출력된 결과물에 비밀이 숨어있다는 사실이었죠. 이 비밀을 회계오류, 회계이슈라고 표현해 보겠습니다. 자산, 부채, 수익, 비용으로 표시되는 재무제표에 어떠한 회계오류와 이슈가 비밀과도 같이 숨겨져 있을까요? 어떻게 하면 볼 수 있을지 알아보겠습니다.

## • 자산과 비용, 그 본질적인 관계

　회계 오류와 이슈의 본질은 자산과 비용의 관계에 숨어

있습니다. 이를 위해 잠시 시 한 편을 소개하고자 합니다.

## / 지우개 /

— 염승옥

내게는 너무나도 소중한

지우개가 있다.

내가 아플 때, 지우개는

나의 아픔을 지우고

내가 슬플 때, 지우개는

나의 눈물을 지우고

내가 힘들 때, 지우개는

나의 한숨을 지운다.

지우고 지우고 또 지운다.

자신이 닳아 없어진다는 사실조차

모르는 채.

지우개가 계속 작아진다.

엄마라는 지우개와 아빠라는 지우개가

계속 작아진다.

회계에서 자산은 가치 있는 재산, 부채는 갚아야 할 돈, 수익은 번 돈, 비용은 돈을 벌기 위해 쓴 돈이라 했습니다. 시에 등장하는 지우개는 아픔과 눈물을 지워주는 가치 있는 존재로, 회계적으로 가치 있는 재산으로 판단해서 '자산'이라 할 수 있습니다.

첫 번째 고려사항은 지우개의 가치가 영원하지 않고 계속 닳아 없어지듯, 자산의 가치는 시간이 지남에 따라 감소한다는 사실입니다. 가치가 감소해서 사라진다는 관점에서 자산으로 분류되었던 지우개는 비용이 되어 갑니다.

더 중요한 사항이 있습니다. 누군가는 지우개를 가치 있는 자산으로 여기지만, 또 다른 사람은 가치 없는 비용으로 판단할 수도 있다는 점입니다.

요약하자면, 자산은 시간이 지나면 가치가 감소하여 결국 비용이 되고, 현재 시점에서도 가치 판단 기준에 따라 자산이 아닌, 비용이 될 수 있다는 것입니다. 결국, 자산과 비용은 본질적으로 같은 것입니다.

자산과 비용은 재무제표 어디에 각각 표시되었나요? 자산은 재무상태표에 비용은 손익계산서에 표시되었죠. 자산과 비용의 분류가 회계 오류라는 의미는 서로가 가야 할 곳이 어긋날 때 발생하는 영향을 의미합니다. 다음과 같은 재무제표를 한번 살펴보시죠.

**재무제표(예시1)** (단위 : 만 원)

| 손익계산서 | | 재무상태표 | |
|---|---|---|---|
| 수익 | 3,000 | 자산 | 2,000 |
| 비용 | 4,000 | 부채 | 3,000 |
| **이익(손실)** | **(-)1,000** | **자본** | **(-) 1,000** |

손익계산서상 수익 3,000만 원보다 비용이 4,000만 원으로 더욱 큰 금액이어서 손실 (-)1,000만 원이 발생한 상황입니다. 재무제표에서 자산 2,000만 원에서 부채 3,000만 원을 차감한 자본은 (-)1,000만 원이고요. 자본이 음수(-)인 상황 기억나시나요? 완전 자본잠식이죠.

자산과 비용의 분류가 회계 오류가 될 수 있다고 했습니다. 만약 손익계산서에서 비용으로 표시된 4,000만 원 중에서 2,000만 원을 비용이 아닌 자산으로 반영한다면 재무제표는 어떻게 변동될까요? 비용은 줄이고 그만큼 자산을 증가시켰으니, 새로운 손익계산서는 비용이 2,000만 원(①4,000만 원-2,000만 원)으로, 자산은 4,000만 원(②2,000만 원+2,000만 원)으로 바뀌게 됩니다. 손실이 발생하고 완전 자본잠식 상태이던 재무제표가 순식간에 이익과 함께 완전 자본잠식에서도 벗어난 재무제표로 탈바꿈하는 순간입니다. 비밀이 보이시나요?

**재무제표(예시2)** (단위 : 만 원)

| 손익계산서 | | 재무상태표 | |
|---|---|---|---|
| 수익 | 3,000 | 자산 | ② 2,000+2,000=4,000 |
| **비용** | ① 4,000-2000=2,000 | 부채 | 3,000 |
| **이익(손실)** | 1,000 | 자본 | 1,000 |

비밀의 원인을 알기 위해서는 복식부기로 잠시 돌아가 보면 됩니다. 복식부기 1단계는 거래를 수익, 비용, 자산, 부채로 구분하고 2단계는 자산과 비용을 왼쪽에, 나머지를 오른쪽에 기록하는 것입니다. 자산과 비용을 왼쪽에 기록한다에 비밀이 숨겨져 있습니다. 왼쪽에 자산과 비용을 입력하는 과정에서 상기 재무제표 예시 1과 같이 4,000만 원을 비용으로 입력해야 함에도, 예시 2와 같이 4,000만 원 중 일부인 2,000만 원만을 비용으로 입력하고 2,000만

원은 비용이 아닌 자산으로 입력한 경우입니다. 입력한 대로 출력된다고 했으니 예시 2의 형태로 탄생한 것입니다. 숨겨진 출생의 비밀입니다.

때로는 자산의 가치 유무를 판단하고 가치 금액을 산정하는 과정에서 회계 이슈가 발생합니다. 가치의 존재 여부 판단은 주관적일 수 있고, 닳아진 지우개의 가치를 숫자로 표현하는 데 한계가 존재하기 때문입니다.

지우개로 살펴본 자산과 비용의 분류가 회계 이슈와 오류의 대부분을 차지합니다. 살펴본 바와 같이 자산과 비용이 올바른 목적지로 가지 못하고 서로 자리를 바꾸게 될 때 발생하는 영향은 작지 않습니다. 손실이 이익으로 둔갑하고 완전 자본잠식 상태를 넘나들게도 되는 것이죠. 이제 우리는 이러한 사례들을 더 자세히 살펴봄으로써 성장을 향한 여정에서 만나게 될 회계 오류를 미리 발견하고 방지하는 대비책을 세울 수 있을 것입니다.

# 스케일업 회계성장통
## : 개발비(1)

    회계공부가 조금씩 흥미로워지면 좋겠습니다. 재무제표를 이해하고 해독하고 복식부기에 숨겨진 출생의 비밀까지 알게 되어버렸네요. 회사가 성장하며 재무제표에서 고려해야 하는 이슈와 오류도 많아집니다. 회사의 성장과 함께 하는 회계성장통입니다. 이는 어른이 되어가며 없어지는 아이의 성장통과는 다릅니다. 회계 오류는 초기에 발견하고 수정하지 않으면 회사가 성장할수록 더 큰 고통으로 이어집니다. 지우개로 이해했던 자산과 비용의 관계에서 발행하는 회계성장통을 살펴보고 대비해야 합니다.

## • 기업의 명줄을 결정할 수도 있는 개발비

"회계사님! TIPS에 지원해야 하는데 부채비율 1,000% 이상이면 불가능하다고 하네요. 좀 전에 회계사무소에서 확인해 보니 1,000%를 많이 초과한다고 합니다. 어떡하죠."

법인세 신고 기한이 임박한 3월 말 a사 대표님으로부터 비상전화가 왔습니다. 창업 초기 힘든 과정을 거쳐 TIPS 선정을 통해 기술력을 인정받고 추가 투자를 유치해서 스케일업의 발판으로 나아가고자 했던 다급한 목소리가 아직도 귀에 뚜렷하네요. TIPS는 민간 투자 주도형 기술창업 지원 프로그램으로 일반적인 정부 지원사업과는 달리 재무 건전성을 엄격하게 심사하지 않지만, 창업 3년이 경과 한 기업 중 부채비율 1,000% 초과 또는 완전자본잠식인 경우는 원칙적으로 지원대상에서 제외되는 요건이 있다고 합니다.

장부 마감기한을 얼마 남겨두지 않은 시기에서 A사를 구해준 구원투수와도 같았던 존재가 개발비입니다. 개발비는 새로운 제품이나 기술을 개발하기 위해 발생하는 지출입니다. 개발자 인건비, 개발을 위해 소요되는 재료비,

외주 용역비 등으로 구성됩니다. 돈을 벌기 위해 지출한 비용이죠. 비용은 어디로 가야 하나요? 손익계산서입니다. 즉 개발비는 손익계산서 비용으로 표시되는 것이 원칙입니다. 그런데 개발비를 비용이 아닌 재무상태표 자산으로 표시할 수도 있습니다. 재무제표 사례를 작성해서 비교해 보시죠.

- 개발 기간 2년이고 개발비 매년 2.5억 원 발생, 2년간 5억 원
- 개발기간 종료 후 3년 후부터 5년간 매년 1억 원씩 매출 발생

개발비를 원칙적으로 비용으로 처리할 경우 재무제표는 다음과 같습니다.

| 구 분 | 개발기간 | | 신제품 판매기간 | | | | |
|---|---|---|---|---|---|---|---|
| | 2024년 | 2025년 | 2026년 | 2027년 | 2028년 | 2029년 | 2030년 |
| 손익계산서 | | | | | | | |
| 매출 | 0 | 0 | ③ 2 | 2 | 2 | 2 | 2 |
| **비용** | ① 2.5 | 2.5 | 0 | 0 | 0 | 0 | 0 |
| 이익(손실) | ② (-)2.5 | (-) 2.5 | ④ 2 | 2 | 2 | 2 | 2 |

매출이 발생하지 않는 개발기간 동안 매년 발생하는 개발비용 2.5억 원이 손익계산서에 비용(①)으로 반영되어

손익계산서상 손실이 (-)2.5억 원(②)이 발생합니다. 반면 개발기간 이후 2026년부터는 매출은 2억 원씩(③) 하고 개발비용은 이미 개발기간에 비용으로 반영했으니, 이익이 2억 원(④)씩 발생하게 되네요. 즉 개발비를 비용으로 처리하면 개발기간에는 비용만 발생하고, 이후에는 수익만 발생하는 것이죠. 이를 회계적으로 수익과 비용이 대응되지 않았다고 표현합니다. 그럼 개발비를 비용이 아닌 자산으로 처리하면 수익과 비용 대응이 이루어질까요? 함께 보시죠.

개발비를 비용이 아닌 자산으로 반영한다면 재무제표는 다음과 같이 작성됩니다.

| 구 분 | 개발기간 | | 신제품 판매기간 | | | | |
|---|---|---|---|---|---|---|---|
| | 2024년 | 2025년 | 2026년 | 2027년 | 2028년 | 2029년 | 2030년 |
| 재무상태표 | | | | | | | |
| **개발비** | ① 2.5 | ② 5 | ⑤ 4 | 3 | 2 | 1 | 0 |
| 손익계산서 | | | | | | | |
| 매출 | 0 | 0 | ③ 2 | 2 | 2 | 2 | 2 |
| **비용(개발비상각)** | 0 | 0 | ④ 1 | 1 | 1 | 1 | 1 |
| 이익(손실) | 0 | 0 | 1 | 1 | 1 | 1 | 1 |

개발기간 동안 발생한 개발비를 재무상태표 자산항목 개발비로 반영하면, 손익계산서에 표시되는 항목은 없고,

2024년 2.5억 원(①), 2025년 5억 원(②: 2024년 발생한 2.5억 원과 2025년 발생한 2.5의 합계) 개발비 잔액으로 표시됩니다. 개발 기간 이후 2026년부터 5년간 개발완료된 신제품으로부터 매출이 2억 원(③)씩 발생한다고 했습니다. 수익과 비용 대응이라고 했는데 이 매출에 대응되는 비용은 무엇일까요? 자산으로 반영된 개발비 5억 원이 개발기간 완료 후 일정 기간(예시의 경우 매출이 발생하는 5년 가정) 비용으로 반영되는 것입니다. 즉 자산으로 반영된 개발비 5억 원이 5년간 매년 1억 원(④)씩 비용으로 반영되어야 하는 것이죠. 이를 '개발비상각'이라 표현합니다. 개발기간 완료 후 5년 동안 매년 수익(2억 원)과 비용(1억 원) 대응이 이루어집니다.

여기서 지우개를 생각해 보아야 합니다. 가치 있는 자산이 시간이 지남에 따라 닳아 없어지듯 비용이 된다고 했었죠. 재무상태표를 보세요. 2025년까지 자산으로 인식되어 있던 지우개 5억 원(②)은 2026년부터 매년 1억 원씩 닳아 없어지듯 비용(④)으로 반영되었으니, 지우개는 그 금액만큼 작아지게 됩니다. 자산으로 인식된 개발비는 2025년 5억 원에서 2026년에는 1억 원이 비용으로 반영되어, 4억 원(⑤)으로 표시됨을 알 수 있습니다.

이와 같이 매출 발생은 미비하고 비용만 발생하는 초기 기업의 경우, 개발비와 관련된 비용은 회계기준 상 개발비를 손익계산서 비용이 아닌 재무상태표 자산으로 분류하는 방안을 고려할 수 있습니다. 다급히 부채비율 1,000% 요건 충족이 필요했던 A기업은 손익계산서에 분류되어 있던 개발비용(개발자 인건비 등) 일부를 재무상태표 자산으로 분류되는 개발비에 반영해서 급한 불을 끌 수 있었습니다.

여기서 유의해야 할 사항이 두 가지 있습니다. 첫 번째, 개발비를 자산으로 "분류한다"가 아닌 "분류할 수 있다"는 것입니다. 회계를 어느 정도 안다고 생각하시는 일부 경영자분들은 개발비를 당당히 자산으로 반영하는 경우도 더러 있더군요. 개발비는 회계기준에 규정된 일정 요건이 충족되는 경우에만 자산으로 분류할 수 있습니다. 두 번째는 자산으로 분류된 개발비는 개발기간 이후에는 일정기간 개발비상각이라는 비용으로 반영되어야 한다는 사실입니다. 두 가지를 명심해야 합니다.

# 스케일업 회계성장통
## : 개발비(2)

개발비를 비용에서 자산으로 반영해서 부채비율 요건을 충족시킬 수 있었던 a사는 이후 어떻게 되었을까요? 개발비에서 두 가지를 기억해야 한다고 했습니다. 첫 번째는 일정기준을 충족한 경우에만 개발비를 비용이 아닌 자산으로 분류할 수 있다. 두 번째는 자산으로 반영된 개발비는 일정기간 비용으로 반영되어야 한다는 것이었죠.

### • 영원한 지우개는 없다

스케일업을 향하는 경영자라면 이제는 재무제표에 표시된 지우개를 돌아볼 때입니다. 사례를 다시 살펴보시죠.

(단위 : 억 원)

| 구분 | 개발기간 | | 신제품 판매기간 | | | | |
|---|---|---|---|---|---|---|---|
| | 2024년 | 2025년 | 2026년 | 2027년 | 2028년 | 2029년 | 2030년 |
| 재무상태표 | | | | | | | |
| **개발비** | ① 2.5 | 5 | 4 | 3 | 2 | 1 | 0 |
| 손익계산서 | | | | | | | |
| 매출 | 0 | 0 | 2 | 2 | 2 | 2 | 2 |
| **비용(개발비상각)** | **0** | **0** | ② 1 | 1 | 1 | 1 | 1 |
| 이익(손실) | 0 | 0 | 1 | 1 | 1 | 1 | 1 |

개발비를 재무상태표 자산으로 인식한 경우입니다. 개발비를 자산으로 인식할 수 있는 회계기준 요건을 점검해 봐야 합니다. 한마디로 표현하면, 개발 기간 완료 후에 완료된 신제품, 신기술로부터 매출이 예상되어야 한다는 것입니다. 사례의 경우, 개발 기간 완료 후인 2027년 이후 5년간 신제품 판매로 인해 매출이 매년 2억 원씩 예상되므로 개발기간 동안 개발비를 자산(①)으로 인식할 수 있는 것이죠.

회계기준을 충족해서 개발비를 자산으로 인식한 경우, 다음으로 유의할 사항은 자산으로 분류된 개발비는 개발기간 이후에는 비용으로 반영되어야 한다는 것입니다. 사례는 개발완료 시점 이후 매출이 기대되는 5년 동안 매년 1억 원(②)씩 비용으로 인식한 경우입니다.

미래에 매출이 발생할지를 어떻게 알 수 있냐고요? 그

건 경영자의 몫입니다. 지금 소중한 개발비용을 들여서 신제품, 신기술을 개발하고 있으니 이건 당연히 돈을 벌기 위함이고 이것이 실현 가능하다는 것을 입증해야 합니다. 이를 위해 구체적으로 준비해야 할 것들은 다음과 같습니다. 재무상태표에 개발비가 반영되어 있다면 지금쯤 한번 검토해 봐야 합니다.

- **개발계획서** : 개발목표, 개발기간, 개발완료보고서
- **미래 수익성 검토내용** : 관련 시장 현황, 개발기술/제품으로부터 기대되는 매출과 손익
- **개발비 집계 내역** : 개발비 금액에 대한 구체적 산정 내역

개발비 집계 내역은 관련 개발자 인건비의 경우, 개발자가 특정 프로젝트에 어느 정도를 투입했는지를 관리해야 합니다. 예를 들어 a개발자가 a프로젝트에 자신의 업무시간 중 50%를 참여했다면 a개발자의 전체 인건비 중 50% 금액을 개발비로 반영했다는 근거자료가 필요합니다. 타임시트 등의 형태로 개발자들이 특정 프로젝트에 투입한 시간을 관리해야 합니다.

참고로 상기 내용들은 모두 문서화되어 있어야 합니다.

"이 제품만 개발되면 대박입니다."라는 경영자의 장밋빛 미래를 반영한 구두 설명으로는 부족합니다. 회사가 성장해서 투자를 받기 위해 또는 다른 기업과의 인수합병을 위한 재무실사를 받는 경우, 투자자 요구 또는 법적 요건으로 인해 회계감사를 받게 되는 경우, 대망의 IPO를 위해 회계감사를 앞 둔 시점 회사는 상기 자료들을 제출할 필요가 있습니다.

만약 관련 자료를 충분히 제시하지 못한다면 어떻게 될까요? 자산으로 반영되어 있던 개발비 잔액은 더이상 자산으로 인정받지 못하고 비용으로 바뀌게 되는 것입니다. 지우개의 본질 중 판단 시점의 가치 여부 기준에 따라 자산은 비용이 될 수 있다고 했던 말을 떠올려보세요. 재무상태표에 반영된 개발비가 가치가 있는지 매년 검토해야 한다는 의미입니다.

(단위 : 억 원)

| 구 분 | 개발기간 | | 신제품 판매기간 | | | | |
|---|---|---|---|---|---|---|---|
| | 2024년 | 2025년 | 2026년 | 2027년 | 2028년 | 2029년 | 2030년 |
| 재무상태표 | | | | | | | |
| **개발비** | 2.5 | ① 5 | 4 | 0 | | | |
| 손익계산서 | | | | | | | |
| 매출 | 0 | 0 | 2 | 2 | | | |
| **비용**(개발비상각) | 0 | 0 | ② 1 | ② 1 | | | |
| **비용**(개발비손상) | 0 | 0 | 0 | ③ 3 | | | |
| 이익(손실) | 0 | 0 | 1 | (-) 2 | 0 | 0 | 0 |

|||||||||||||||||||||||||||
## • 회계감사를 받을 때

    만약 2027년에 개발비 가치가 있을지를 판단하는 과정에서, 2028년부터는 해당 제품매출이 기대되지 않는다면 어떻게 될까요? 2025년 재무상태표 잔액은 5억 원(①)이었고, 2026년과 2027년에 개발비상각 1억 원씩(②)을 인식했으니 개발비 잔액은 3억 원입니다. 그런데 2028년 이후에는 매출이 기대되지 않으므로, 지우개의 가치가 없다고 판단되는 상황이니, 해당 개발비 잔액 3억 원을 2027년에 모두 비용(③)으로 인식해야 합니다. 이를 '개발비손상'이라 표현합니다. 결국, 개발비손상 비용 인식액만큼 이익은 줄어들어 2027년 손실은 (-)2억 원이 발생하게 됩니다.

    아쉽게도 a사는 부채비율 요건을 충족시킨 이후에 관련 매출 증가는 없이 매년 자산으로 인식하는 개발비 금액은 쌓여가고 있습니다. 현실적으로 외부 투자를 위한 재무실사나 회계감사를 받지 않은 상황이어서 해당 개발비의 가치 여부가 아직 이슈화되지는 않았지만 말이죠.

    다시 한번 학습 초기로 돌아가 보도록 하죠. 재무제표 해독하기 실습(2)에서 예시로 보았던 B기업을 떠올려 보세요. 자산 18억 원 중에 약 7.6억 원이 개발비였었죠. 개발비의 본질은 손익계산서로 가야 할 비용이라는 의미를 이제 조금 이해할 수 있으면 좋겠습니다.

### • 극약 처방

개발비를 자산으로 처리하면 현재는 비용이 감소해서 순이익이 증가합니다. 이는 손익계산서상 실적이 좋아 보여 투자유치나 대출 심사 시 긍정적인 인상을 줄 수 있습니다. 마치 급한 불을 끄는 극약처럼 말이죠. 그러나 이 극약은 신중하게 사용해야 합니다. 자산으로 처리된 개발비는 결국 미래에 비용으로 다시 돌아옵니다. 개발비상각 또는 개발비손상의 형태로 말이죠. 당장 이익을 높였지만, 미래에 그만큼 비용 부담을 안게 되는 것입니다.

"약은 약사에게 처방은 의사에게"라는 말이 생각나네요. 개발비를 단기적인 이익 개선을 위해 무작정 자산화하기보다는, 자산화 요건을 엄격하게 검토하고 장기적인 관점에서 기업 가치에 미치는 영향을 신중하게 고려해야 합니다. 극약은 전문가의 처방에 따라 정확한 용량을 사용해야 하듯이, 개발비 자산화 역시 회계 전문가와 상의하여 신중하게 결정해야 합니다.

더욱 큰 문제는 이러한 처방에 대해 상담을 해야 할 필요성을 인지조차 하지 못하는 상황입니다. 우리 회사에 재무제표가 어떻게 만들어지고 있는지 자산과 비용에는 어떤 항목이 있는지, (외부에) 맡겼으니 잘 처리해 줄 것이라고 막연히 생각했던 a사 대표님처럼 말이죠. 세부 내용까지는 몰라도 됩니다. 최소한 지우개로 비유되는 자산과 비용의 관계, 그 중 대표적인 항목으로 개발비가 있다는 정도는 알고, 세무대리인과 소통할 수는 있어야겠죠.

　이후 a사 대표님으로부터 한 해가 마무리되기 이전, 겨울의 문턱에 들어설 때쯤 연락이 옵니다. "저희 이번에는 부채비율이 어느 정도 나올까요?" 경영자는 이러한 질문을 통해 결산에서 중요하게 고려할 내용들을 사전에 확인하고 세무대리인과 대화할 수 있습니다. 스스로 알고 미리 챙겨야 합니다.

# 스케일업 회계성장통
## : 지우개와 감가상각(1)

　'지우개'는 처음 살 때 하나의 자산입니다. 하지만 연필로 쓴 글씨를 지울 때마다 지우개는 조금씩 닳아 없어집니다. 지우개의 크기가 줄어들수록 그만큼 가치가 사라지는 것이죠. 이 사라지는 가치를 비용으로 이해하면 됩니다. 이러한 개념은 기업이 가진 기계, 건물, 비품 등 유형자산과 소프트웨어, 특허권, 개발비 등 무형자산에 적용됩니다. 예를 들어보겠습니다.

- **자산 취득** : 스타트업이 2025년 초에 1,000만 원짜리 기계장치를 한 대 구입했다고 가정합니다. 이 컴퓨터는 앞으로 몇 년간 회사 수익창출을 위한 업무에 사용

될 것이므로 가치 있는 자산으로 인식합니다. 지우개를 처음 샀을 때 온전한 하나의 지우개로 인식하는 것과 같습니다. 재무상태표에는 '기계장치'라는 이름으로 1,000만 원이 기록됩니다.

- **가치 감소** : 시간이 흐르면서 기계장치의 성능은 조금씩 떨어지고, 지우개를 쓸수록 닳아 없어지듯 가치가 줄어듭니다. 회계에서는 이 가치 감소분을 '감가상각비'라고 부릅니다. 회사는 이 기계장치를 5년 간(2025년부터 2029년까지) 사용한다고 가정할 경우, 매년 200만 원씩 자산 가치가 감소하는 것입니다.
- **비용 인식** : 감소한 자산 가치 200만 원을 매년 감가상각비로 손익계산서에 비용으로 기록하므로 이는 곧 이익을 감소시키는 요인이 됩니다. 지우개를 쓸 때마다 조금씩 사라지는 것과 마찬가지로, 기계장치의 가치도 조금씩 비용으로 전환되어 사라지는 것입니다.

상기 거래를 재무제표로 표시해보면 다음과 같습니다.

### 자산취득과 감가상각비 인식 : 재무제표 예시 (단위 : 만 원)

| 구 분 | 2025년 기초 | 2025년 기말 | 2026년 기말 | 2027년 기말 | 2028년 기말 | 2030년 기말 |
|---|---|---|---|---|---|---|
| **재무상태표** | | | | | | |
| 기계장치 | ① 1,000 | 1,000 | 1,000 | 1,000 | 1,000 | 1,000 |
| 감가상각누계액 | 0 | (200) | (400) | (600) | (800) | (1,000) |
| 장부금액 | 1,000 | 800 | 600 | 400 | 200 | 0 |
| **손익계산서** | | | | | | |
| **비용**(감가상각비) | | ② 200 | 200 | 200 | 200 | 200 |

　기계장치 취득 시점인 2025년 초에 1,000만 원이 자산으로 인식되고(①), 사용 기간(5년 가정)동안 매년 비용으로 감가상각비 200만 원(②)이 반영됩니다. 참고로 매년 인식한 감가상각비 누적 금액이 재무상태표 '감가상각누계액'이라는 이름으로 표시되고, 취득금액에서 감가상각누계액을 차감한 금액을 '장부금액'이라고 표현합니다. 2026년 기말의 경우 감가상각누계액은 2025년과 2026년에 각각 인식한 감가상각비 합계 400만 원이 되고, 기계장치 장부금액은 취득금액 1,000만 원에서 감가상각누계액 400만 원을 차감한 600만 원이 되겠네요. 즉, 2026년 기말 기계장치 장부금액이 600만 원이라는 의미는 취득금액은 1,000만 원이고 지금까지 감가상각을 400만 원을 반영

해서 자산으로 600만 원이 남아있다는 의미로 해석하면 됩니다. 최초 인식했던 지우개 가치에서 닳아 없어지고 남아있는 지우개의 가치라고 표현해도 될 듯 합니다.

유형자산 취득금액을 자산으로 반영하고 일정기간 비용(감가상각비)으로 반영하는 과정이 단순해 보일 수도 있습니다. 회계가 그리 쉬운 것은 아닙니다. 몇 가지 생각해 보고 점검해 봐야 할 회계 오류가 있습니다. 무엇일까요?

첫째, 장부상 금액과 실물이 일치하지 않는 경우입니다. 자산 구입 시점에 장부에 제때 기록하지 않아 실물은 존재하지만, 재무제표에는 금액이 반영되지 않은 경우도 있고, 폐기 또는 분실되어 실물은 존재하지 않지만, 재무제표에는 여전히 금액이 남아있는 경우도 있습니다. 정기적으로 장부와 실물을 서로 확인해 보아야 합니다. 우선 "유형자산명세서"를 갖춰야 합니다. 구입일자, 취득금액, 품목명, 사용기간, 일정 기간 인식한 감가상각비, 감가상각누계액, 장부금액이 집계된 자료입니다. 외부 회계사무소에 맡기든 회사 내 업무 담당자가 수행하든 해당 자료를 관리해야 합니다. 유형자산명세서는 일반적으로 회계프로그램에서 작성 및 관리할 수 있습니다. 기억해야 할 사항이 있죠. 입력된대로 출력된다는 사실입니다.

회사 내부적으로 "자산관리대장"을 작성해서 관리할 수도 있습니다. 자산관리대장은 회사가 보유한 모든 자산의 실물 이력을 기록하는 서류입니다. 어떤 자산이 어디에 있는지, 누가 사용하고 있는지, 현재 상태는 어떤지를 명확하게 파악할 수 있게 해줍니다. 자산 태그 번호, 자산품목명, 구입일자, 위치, 담당자, 상태 등의 정보를 관리합니다.

유형자산명세서(예시)

| 자산명 | 품목 | 취득일 | 취득금액 | 사용연수 | 감가상각비 | 감가상각누계액 | 장부금액 |
|---|---|---|---|---|---|---|---|
| | | | | | | | |
| | | | | | | | |

정기적으로 유형자산 실사를 수행할 필요가 있습니다. 유형자산명세서 또는 자산관리대장에 기록된 품목들이 회사 내 어디엔가 실제로 존재하는지를 확인하는 과정입니다. 만약 장부와 실제 자산에 차이가 발생한다면 조정을 해 주어야 합니다. 장부에는 반영된 항목이 실제로 존재하지 않으면 재무제표에서 해당 금액을 제거해 주고, 만약

반대의 경우라면 재무제표에 추가로 인식해 주면 됩니다. 복식부기는 입력한 대로 출력된다고 했으니, 제대로 입력해야 정확한 금액이 출력되고, 출력된 결과물이 실제와 맞는지 확인하는 과정입니다. 스케일업 과정에서 재무실사, 회계감사를 받게 될 경우 실제로 수행되는 절차이니 회사가 먼저 준비하고 대비해야 합니다.

둘째, 손익계산서에 인식된 감가상각비와 재무상태표에 반영된 감가상각누계액이 정확하게 계산되었는지를 검토해 봐야 합니다. 감가상각비는 취득금액과 비용으로 인식할 기간이 정해지면 정해진 산식으로 계산되지만, 실제로 재무실사 또는 회계감사 과정에서 감가상각비와 감가상각누계액을 다시 계산해서 재무제표에 반영된 금액과 비교해 보면 일치하지 않는 경우가 흔히 존재합니다. 이는 복식부기 입력 과정에서 실수일 수도 있고 의도적인 결과일 수도 있습니다.

지금까지 지우개로 비유한 자산과 지우개가 닳아 없어지듯 자산의 가치가 감소하며 감가상각비라는 비용으로 반영되는 과정을 살펴보았습니다. 우선 정확한 금액을 자산으로 반영하고 재무제표에 반영된 자산의 실물이 존재하는지를 확인하는 과정이 필요하다고 했습니다. 유형자산명세서, 자산관리대장 작성을 통해 관린할 필요가 있습니다. 회사의 규모가 커지면서 자산이 늘어날수록 그 중요성은 더욱 커집니다. 또한, 감소하는 자산의 가치, 감가상각비가 정확히 계산되었는지도 재계산을 통해 정기적으로 검토해야 합니다. 우리 회사는 문제없다고요?

과연 그런지 한 번 확인해 보세요.

# 스케일업 회계성장통
# : 지우개와 감가상각(2)

    자산을 취득할 때 가치있는 자산으로 인식한 후, 지우개가 닳아 없어지듯 가치가 감소하는 감가상각비를 이해했습니다. 이제는 주기적으로 지우개의 닳아 없어진 가치를 확인해야 합니다. 자산의 장부금액(취득금액에서 감가상각누계액을 차감한 현재 시점의 가치)만큼 가치있는지 여부를 판단하는 과정입니다.

    앞서 살펴본 예시에서 2026년 말에 기계장치가 파손되었거나 실물이 존재하지 않는 경우 또는 해당 기술이 시장에서 소멸되어 기계장치의 가치가 없다고 판단된다면 재무제표는 어떻게 반영될지 생각해 보겠습니다.

유형자산손상차손 인식 : 재무제표 예시 (단위: 만 원)

| 구분 | 2025년 기초 | 2025년 기말 | 2026년 기말 | 2027년 기말 | 2028년 기말 | 2030년 기말 |
|---|---|---|---|---|---|---|
| 재무상태표 | | | | | | |
| 기계장치 | 1,000 | 1,000 | 1,000 | 1,000 | 1,000 | 1,000 |
| 감가상각누계액 | 0 | (200) | (400) | (400) | (400) | (400) |
| **손상차손누계액** | | | ② **(600)** | (600) | (600) | (600 |
| 장부금액 | 1,000 | 800 | ③ 0 | 0 | 0 | 0 |
| 손익계산서 | | | | | | |
| 비용(감가상각비) | | 200 | 200 | | | |
| **비용(손상차손)** | | | ① **600** | | | |

2026년 기말 기계장치 장부금액이 600만 원인 상황입니다. 해당 기계장치의 가치가 더 이상 없다고 판단된다면 장부금액 600만 원을 추가적인 비용(①)으로 반영합니다. 이를 '유형자산손상차손'이라 표현하고 재무상태표에는 '손상차손누계액'(②)으로 표시됩니다. 결국 2026년 말 기계장치 장부금액은 취득금액 1,000만 원에서 감가상각누계액 400만 원과 손상차손누계액 600만 원을 차감한 0원으로 인식되는 것이죠. 남아있던 지우개의 가치가 모두 비용으로 반영되는 순간입니다.

비용으로 반영되어야 할 자산가치 감소분을 반영하지 않는 회사도 있습니다. 투자를 위한 재무실사 또는 회계감사를 수행하는 과정에서 발생하는 사례를 살펴보겠습니다. 다음 재무제표를 함께 보시죠. 설립 5년 차로 기술력을 인정받아 약 200억 원 규모의 투자유치를 진행 중인 b사의 재무제표로서 유형자산 부분만 표시하였고, 제가 속한 회계법인에서 투자를 위한 재무실사를 진행한 경우입니다. 숨겨진 이야기가 보이시나요?

**유형자산 장부금액 검토 : 재무실사 예시** (단위 : 억 원)

| 구 분 | 2022년 | 2023년 | 2024년 |
|---|---|---|---|
| 재무상태표 | | | |
| 유형자산 | 30 | 70 | 90 |
| 건물 | 10 | 40 | 45 |
| 감가상각누계액 | 0 | 0 | 0 |
| 기계장치 | 20 | 30 | 45 |
| 감가상각누계액 | 0 | 0 | 0 |
| 자산 합계 | 40 | 110 | 150 |
| 손익계산서 | | | |
| **비용**(감가상각비) | 0 | 0 | 0 |

b사는 AI 로봇 핵심 부품제조업을 영위하며, 2022년부터 2024년까지 유형자산이 꾸준히 증가하고 있고, 전체 자산에서 유형자산이 차지하는 비중이 최근 60%로, 상대

적으로 높습니다. 회사가 재무실사를 위해 회계법인에 제시한 재무제표를 보면 감가상각누계액과 손익계산서에 비용으로 반영된 감가상각비가 0원으로 표시되어 있습니다. 무슨 의미인가요? 회사는 제조 설비 구축을 위해 최근 3년간 건물과 기계장치를 지속적으로 취득해서 가치 있는 자산으로 인식했지만, 취득 이후 감가상각비를 한 번도 인식하지 않았다는 뜻이죠. 지우개가 닳아 없어지는 것과도 같은 자산의 감소분을 비용으로 반영하지 않아서 결국 2024년 말 시점 자산의 가치가 그만큼 과대평가되어 있다는 의미입니다. 그럼 어떻게 해야 하나요? 올바른 감가상각비를 취득 시점부터 다시 계산해서 재무제표에 반영해야 합니다.

회사의 감가상각비를 다시 계산해 본 결과 최초 유형자산 취득 시점부터 2024년 말까지 인식해야 할 감가상각비는 약 10억 원으로 산출되었습니다. 이 금액만큼 재무제표에 표시된 자산의 가치는 줄어들게 되고 투자유치를 위한 기업가치 협상에서 불리한 요인으로 작용하게 됩니다. 결국, 투자자로부터 인정받게 되는 기업가치가 감소할수록 창업자가 투자자에게 더 많은 지분을 내어주어야 합니다.

b사가 감가상각비를 비용으로 인식하지 않은 사유가 있었습니다. 단순한 복식부기의 입력 오류이기보다는, 회사는 미래 매출을 기대하고 금융기관 차입을 통해 토지와 건물, 기계장치를 취득해서 생산설비를 확충하는 과정에 있었고, 아직은 손실이 발생하는 상황에서 감가상각비를 비용으로 반영한다면 손실이 더 커지게 되어 재무적인 측면에서 불리한 요인으로 작용하기 때문이었죠.

회사는 손실을 줄이고 재무상태를 좋게 보이려 감가상각비를 인식하지 않았지만, 이는 결국 더 큰 위험으로 돌아옴을 알게 되었습니다. 기업이 스케일업 과정에서 재무실사, 회계감사 절차를 거치게 된다면 과거에 인식하지 않았던 지우개가 닳아 없어진 자산의 가치를 비용으로 다시 인식해야 함을 유의해야 합니다. 과거 누적된 금액을 한 번에 비용으로 반영할 경우 손익에 미치는 영향은 그만큼 커지게 되고, 회계감사를 받을 때 과거 인식하지 않은 감가상각비의 크기에 따라 과거에 작성된 재무제표를 다시 작성해야 하는 상황이 발생하기도 합니다. 그만큼 시간과 비용의 낭비가 초대되는 것이지요.

영원한 지우개는 없다는 점을 다시 한번 생각해 보면 좋겠습니다.

# 스케일업 회계성장통
## : 재고자산

가치 있는 자산을 재무상태표에 반영하고 감가상각비라는 비용으로 손익계산서에 반영하는 과정을 살펴보았습니다. 처음에 샀던 지우개가 시간이 지남에 따라 조금씩 닳아 없어지듯 비용으로 사라지는 과정이었죠.

지우개와 같은 또 다른 예시로서, 재고자산에 대해 살펴보고자 합니다. 재고자산은 기업이 판매를 목적으로 보유하고 있는 상품이나 제품을 말합니다. 마치 문구점에서 팔기 위해 쌓아둔 새 지우개와 같습니다. 이 지우개는 아직 팔리지 않았지만, 미래에 판매되어 수익을 창출할 잠재력을 가지므로 재무상태표에 자산으로 기록되고, 이후 판매를 통해 수익을 창출시키는 과정에서 매출원가라는 비용으로 인식됩니다. 제품 1,000만 원이 1,500만 원에 판매되는 경우 재무제표는 다음과 같습니다.

### 재고자산 자산 인식 (단위: 만 원)

| 재무상태표 | |
|---|---|
| 재고자산 | |
| **제품** | ① 1,000 |

### 재고자산 임무 완료, 비용이 되는 과정

| 재무상태표 | | | 손익계산서 | | |
|---|---|---|---|---|---|
| 재고자산 | | | 매출 | ② 1,500 | 매출 창출 |
| **제품** | 0 | ⇨ | **매출원가** | ③ 1,000 | 자산에서 비용으로 |
| | | | 이익 | 500 | |

기업이 1,000만 원을 지출해서 완성한 제품은 가치 있는 자산으로 재무상태표에 인식합니다(①). 이후 제품이 1,500만 원에 판매될 경우 손익계산서에 매출로 인식하고(②), 제품은 매출 창출이라는 임무를 완료하였으므로, 매출원가(③)라는 비용으로 반영됩니다.

## • 지우개가 닳아진 정도를 확인해야 한다

 지우개는 닳아 없어진다고 했죠. 유행 지난 지우개처럼 잘 팔리던 인기 캐릭터 지우개가 시간이 지나면서 더 이상 팔리지 않기도 하고, 보관 과정에서 포장이 뜯기거나 흠집이 나서 기능에는 문제가 없지만 새 상품의 가치를 인정받지 못해 제값을 주고 살 고객이 없는 상황도 생기게 되죠. 자산으로 인식한 재고자산에 대해 이와 같이 가치가 감소한다면 판매되기 이전이라도 비용으로 인식해 주어야 합니다. 만약 상기 예시에서 자산으로 인식된 제품 1,000만 원의 가치가 판매되기 전에 500만 원으로 감소했다면 재무제표는 다음과 같이 반영됩니다.

재고자산 가치하락 : 평가손실 인식

| 재무상태표 | | | 손익계산서 | | |
|---|---|---|---|---|---|
| 제품 | 1,000 | | 매출 | 0 | |
| **평가충당금** | **① (500)** | ⇨ | **재고자산평가손실** | **② 500** | 자산 가치하락 비용인식 |
| 장부금액 | 500 | | 이익(손실) | (500) | |

 재고자산 가치하락 500만 원을 재무상태표에 '제품평

가충당금'이라는 이름으로 제품에서 차감하는 형식으로 보여줍니다(①). 제품 취득금액 1,000만 원에서 평가충당금 500만 원을 차감한 500만 원을 '장부금액'이라고 합니다. 결국, 재무상태표에서 제품의 장부금액은 하락한 새로운 가치 500만 원으로 표시됩니다. 평가충당금으로 인식한 자산가치 감소금액 500만 원은 손익계산서 '재고자산평가손실'이라는 비용으로 반영되어(②) 결국 이익은 감소하게 됩니다.

만약 재고자산의 가치 하락분을 반영하지 않으면, 재무상태표의 자산이 부풀려지고 손익계산서의 이익이 과대계상 됩니다. 이는 기업의 재무상태를 왜곡하여 투자자들이나 금융 기관에 잘못된 정보를 제공할 수 있는 회계 오류가 발생하게 되지요. 따라서 재고자산 가치 변동을 주기적으로 검토하고, 회계 원칙에 따라 투명하게 처리하는 것이 중요합니다.

이를 위해 회사는 "재고자산수불부"를 관리해야 합니다. 이는 재고자산의 입고, 출고, 재고 현황을 기록하는 장부입니다. 창고에 어떤 종류의 지우개가 몇 개 들어오고(입고), 몇 개 팔려 나갔는지(출고), 그리고 현재 몇 개가 남아 있는지를 기록하는 문서입니다.

재고자산수불부 작성은 재고관리의 첫걸음이라 할 수 있습니다. 엑셀 파일 등으로 관리할 수도 있고 재고관리 프로그램을 활용해도 됩니다. 회계감사 시 감사인은 재무제표의 재고자산 금액이 재고자산수불부의 기록과 일치하는지 확인합니다. 재고수불부가 정확하게 관리되지 않으면 재무제표의 신뢰성에 문제가 생길 수 있습니다. 외부 회계감사를 받을 정도로 성장한 회사와 상장회사에서도 재고자산수불부가 적절하게 작성되지 않는 경우도 있고, 초기 기업의 경우 대부분 작성조차 되지 않는 사례도 있습니다.

**재고자산수불부 양식(예시)** (단위 : 개, 천 원)

| 제품 | ①기초 | | | ②당기 입고 | | | ③당기 출고 | | | ④기말= ①+②-③ | | |
|---|---|---|---|---|---|---|---|---|---|---|---|---|
| | 수량 | 단가 | 금액 | 수량 | 단가 | 금액 | 수량 | 단가 | 금액 | 수량 | 단가 | 금액 |
| a | | | | | | | | | | | | |
| b | | | | | | | | | | | | |

재고는 발생 시점부터 작성하고 관리해야 합니다. 재고자산수불부는 외부 회계사무소에 장부 작성을 맡겼다고 해서 작성해 주지 않습니다. 그들은 회사로부터 전달받은 자료를 입력하고 복식부기는 입력된 대로 출력된다고 했죠. 회계의 기초 자료는 회사가 작성해야 합니다.

재고자산 현황을 파악하였다면, 재고자산 가치 하락분에 해당하는 평가충당금은 어떻게 산출할 수 있을까요? 정답은 없습니다. 기업이 보유한 재고자산의 가치를 가장 잘 알고 있는 주체는 바로 회사입니다. 재고자산 업무 담당자는 재고자산의 가치를 추정하고 근거를 제시해야 합니다. 창고에 있는 재고자산의 예상 판매가격에서 판매수수료와 운송비 등을 차감한 금액으로서, 재고자산을 정상적으로 판매했을 때 얻을 수 있는 순수한 가치를 순실현가치라고 합니다. 회사는 결산 시점 판단한 재고자산의 순실현가치가 장부에 기재되어 있는 금액보다 낮은 경우 가치 하락분을 재고자산평가손실로 인식해야 합니다.

재고자산 연령분석을 통해 재고자산평가손실을 추정하는 방법도 있습니다. 재고자산 연령분석은 기업이 보유한 재고자산을 매입 일자 또는 생산 일자로부터 현재까지의 경과 기간에 따라 분류하고, 기간별로 재고의 가치 하락분을 파악하는 방식입니다. 창고에 있는 모든 '지우개'를 "1~3개월", "3~6개월", "6개월 이상" 등으로 나누어 관리하는 것과 같습니다. 지우개는 오래될수록 닳아 없어지거나, 유행이 지나 제값을 받기 어렵기 때문에, 오래된 재고일수록 가치가 하락할 가능성이 높다고 보는 것이죠.

연령분석을 통한 재고자산평가충당금 설정(예시)

| 연령 구간 | 취득 원가 (①) | 평가충당금 설정율(②) | 평가충당금 (③=①x②) | 장부금액 (④=①-③) |
|---|---|---|---|---|
| 3개월 미만 | 5,000 | 0% | 0 | 5,000 |
| 3~6개월 | 2,000 | 10% | 200 | 1,800 |
| 6~12개월 | 600 | 50% | 300 | 300 |
| 12개월 초과 | 500 | 100% | 500 | 0 |
| 합계 | 8,100 | | 1,000 | 7,100 |

예시와 같이 재고자산 연령 구간별로 일정률의 충당금 설정율을 적용해서 평가충당금을 산출할 수 있습니다. 재고자산평가손실은 1,000만 원으로 산출되고 위에서 살펴본 바와 같이, 해당 금액만큼 재고자산의 가치를 줄여주고 재고자산평가손실 비용으로 인식합니다. 회사는 재고자산수불부를 작성해서 재고 현황을 파악하고, 회사의 상황에 맞는 재고자산 평가기준을 수립해야 합니다. 장부에 재고자산이 반영되어 있다면 바로 확인하고 준비하세요.

## • 창고에 있는 지우개를 확인하자

재고자산의 가치 하락분을 회계적으로 처리하는 것도 중요하지만, 실물을 검토하는 과정은 그 무엇보다 중요합니다. 재고자산의 실사는 상점에서 팔아야 할 지우개가 실제로 몇 개 있는지, 그리고 그 상태가 어떤지를 직접 눈으로 확인하는 과정입니다. 이는 회계 장부상의 기록이 실제 현실과 일치하는지를 확인하는 중요한 절차입니다.

회계 장부에는 100개의 지우개가 있다고 기록되어 있지만, 실제 창고에는 90개만 있을 수 있습니다. 10개가 분실되거나 파손되었을 가능성이 있죠. 실사 결과, 장부와 실제 수량이 다를 경우 '재고자산감모손실'이라는 비용을 인식해야 합니다. 이는 재고자산이 정상적으로 판매되지 않고 줄어든 것에 대한 비용 처리입니다. 장부에는 100개의 '새 지우개'가 있다고 기록되어 있지만, 실사 결과 20개는 유행이 지나거나 흠집이 난 '가치 없는 지우개'일 수 있다면, 상태가 좋지 않은 재고는 가치가 하락했으므로 살펴보았던 '재고자산평가손실'을 인식해야 합니다.

재고자산 실물 검토는 단순한 물건 세기가 아닙니다. 이는 회계 장부에 기록된 재고자산의 수량과 가치를 현실에 맞게 조정하는 첫걸음입니다. 특히 스케일업 과정에 있는 스타트업은 재고 종류와 양이 급격히 늘어날 수 있으므로, 재고자산수불부 관리와 함께 정기적인 재고실사를 통해 재무제표의 신뢰성을 높여야 합니다. 이 과정이 제대로 이루어져야 정보이용자들에게 회사의 재무 상태를 투명하게 보여줄 수 있습니다.

 유형자산에서 살펴본 예시와 같이, 손실을 줄여 재무상태와 손익을 좋게 보이려고 재고자산 가치하락분을 비용으로 인식하지 않는다면 이 또한 언젠가는 비용으로 인식해야 하는 위험으로 돌아올 수 있음을 유의해야 합니다. 재고자산이 존재하는 회사라면 재무제표에 반영된 재고자산 금액, 지우개의 가치가 적정한지 한번 확인해 보세요. 그리고 재고자산수불부가 작성되고 있는지도 함께 체크해 보고 정기적으로 창고를 방문해서 재고의 수량과 상태를 확인하세요.

# 스케일업 회계성장통
## : 매출채권

　지우개의 종류는 다양합니다. 아직 받지 못한 지우개 값으로 이해할 수 있는 매출채권이 있습니다. 사업이 성장하면서 가장 흔하게 늘어나는 자산이 바로 매출채권입니다. 매출채권은 물건이나 서비스를 팔고, 아직 그 대금을 받지 못한 금액을 뜻합니다. 마치 문구점에서 지우개를 팔고 고객에게 "나중에 돈 줄게요."라는 약속을 받은 것과 같습니다. 이 약속은 미래에 현금이 될 것이므로, 회계에서는 이를 '받을 권리'인 자산으로 기록합니다. 즉 매출채권은 매출이 발생해서 받을 권리가 생길 때 재무상태표에 자산으로 반영하고, 미래에 대금을 받으면 사라지게 됩니다. 돈을 받기 전까지 아직 받지 못한 지우개 값으로 표시되는 것이죠.

이를 재무제표 예시로 살펴보면 다음과 같습니다.

**매출채권 발생** (단위 : 만 원)

| 구 분 | 재무상태표 | | 손익계산서 | |
|---|---|---|---|---|
| 매출 | 매출채권 | ① 1,000 | 매출 | 1,000 |
| | ⇩ | | | |
| 대금 수령 | 매출채권 | 0 | | |
| | 현금 | ② 1,000 | | |

회사가 매출 1,000만 원을 발생시키고 매출 대금은 1개월 후에 받기로 한 경우, 미래에 받을 권리 매출채권 1,000만 원(①)을 자산으로 반영합니다. 이후 대금을 받는 시점에 현금 1,000만 원(②)을 재무상태표에 기재하고 매출채권은 재무상태표에서 없어지게 됩니다.

### • 받지 못한 지우개 값을 재무제표에 반영 : 대손상각비

하지만 모든 약속이 지켜지는 것은 아닙니다. 고객이 파산하거나 약속을 잊어버리는 등의 이유로 돈을 받지 못할 수도 있습니다. 실제로 한 고객이 파산해서 '지우개 값'을 받을 수 없게 될 수도 있고, 문구점 주인은 많은 고객에게 지우개를 외상으로 팔다 보면, 그중 일부는 돈을 회수하지 못할 것이라고 예상합니다. 따라서 떼일 것으로 예상되는 지우개 값을 미리 대손상각비라는 비용으로 인식하고, 그 금액만큼을 대손충당금이라는 주머니에 따로 모아둡니다.

상기 예시에서 매출채권 1,000만 원 중 500만 원을 고객으로부터 회수하지 못할 것으로 대손이 예상된다면, 재무제표에 다음과 같이 반영해야 합니다.

**매출채권 : 대손상각비 인식**

| 구 분 | 재무상태표 | | | 손익계산서 | |
|---|---|---|---|---|---|
| 매출 발생 | 매출채권 | 1,000 | ⇐ | 매출 | 1,000 |
| | ⇩ | | | | |
| 대손 예상 | 매출채권 | 1,000 | | 비용 | |
| | 대손충당금 | ① (500) | | 대손상각비 | ② 500 |
| | 순매출채권 | 500 | | | |

- **대손충당금(①)** : 받지 못할 것으로 예상되는 500만 원은 받을 권리(매출채권)의 실질적인 가치를 떨어뜨립니다. 따라서 재무상태표에 '대손충당금'이라는 항목으로 매출채권의 차감(감소)을 표시하여, 매출채권의 순수한 가치를 500만 원으로 조정하는 것입니다.

- **대손상각비(②)** : 500만 원의 가치 하락은 지우개가 닳아 없어지듯 비용이 발생한 것으로 봅니다. 1,000만 원의 매출을 올렸지만, 그중 500만 원은 결국 회수하지 못할 것으로 예상되므로, 이 500만 원을 '대손상각비'라는 이름으로 손익계산서에 비용으로 인식합니다.

결국 이렇게 처리하면, 재무상태표는 회사가 받을 권리로 인식하고 있는 전체 매출채권 1,000만 원의 순수한 가치를 500만 원으로 투명하게 보여주고, 손익계산서는 매출 1,000만 원에 상응하는 '떼인 값' 500만 원을 비용으로 정확히 대응시켜 회사의 순이익을 더 현실적으로 반영합니다.

### • 매출채권 관리 : 연령분석표

그렇다면 고객으로부터 받지 못할 것으로 예상되는 대손상각비를 어떻게 계산할 수 있을까요? 우선 매출채권 현황을 세부적으로 파악해야 합니다. 이를 위해 "매출채권연령분석표" 작성이 필요합니다. 매출채권 연령분석표는 회사가 고객에게 받아야 할 돈(매출채권)을 발생 시점부터 현재까지의 경과 기간에 따라 분류하여 정리한 표입니다. 재무상태표에 표시된 매출채권 금액은 여러 거래처로부터 다양한 시점에 발생한 거래의 합계 결과물이므로 매출채권연령분석표를 통해 현금흐름 예측과 대손 가능성을 파악할 수 있습니다.

**매출채권연령분석표(예시)**

결산일 : 2024년 12월 31일(단위 : 백만 원)

| 거래처 | 거래일자 | 매출채권잔액 | 3개월이하 | 3개월~6개월 | 6개월~9개월 | 9개월~1년 | 1년초과~ |
|---|---|---|---|---|---|---|---|
| a사 | 2024.10.25 | 400 | 400 | | | | |
| b사 | 2024.05.15 | 300 | | | 300 | | |
| c사 | 2024.02.08 | 200 | | | | 200 | |
| d사 | 2023.07.20 | 100 | | | | | 100 |
| 합계 | | 1,000 | 400 | | 300 | 200 | 100 |

위와 같은 정보를 통해 재무상태표에 표시된 매출채권 1,000만 원의 세부 구성 내역을 알 수 파악할 수 있습니다. 예들 들어 분석해 보면, b거채처와 c거래처 매출대금은 상반기에 발생해서 회수하지 못한 기간이 1년에 가까워지고 있네요. d거래처 매출대금은 1년이 지나도록 회수하지 못하고 있는 상황입니다. 해당 업체에 대한 손익 현황, 신용등급 파악, 폐업 여부 등을 파악하고 대금회수 가

능성을 검토해 재무제표에 반영해야 합니다.

대손충당금을 추정하는 방법으로 상기 연령분석표의 각 연령구간별로 일정률의 대손설정율을 반영할 수 있습니다. 매출채권이 오래될수록 못 받을 확률이 높아진다는 가정하에, 매출채권을 발생 시점별로 나누어 차등률을 적용합니다. 예를 들어, '3개월 미만 외상값'은 떼일 가능성이 없을 것으로 예상하지만, '3개월 초과 외상값'은 연령 구간별로 일정율이 떼일 것으로 예측하여 대손충당금을 설정하는 방식입니다. 상기 연령분석표를 이용한 대손충당금 설정 예시를 살펴보시죠.

**연령분석을 통한 매출채권 대손충당금 설정(예시)**

| 연령 구간 | 매출채권 (①) | 대손충당금 설정율(②) | 대손충당금 (③=①x②) | 순매출채권 (④=①-③) |
|---|---|---|---|---|
| 3개월 이하 | 400 | 0% | - | 400 |
| 3~6개월 | - | 10% | - | - |
| 6~9개월 | 300 | 30% | 90 | 210 |
| 9~12개월 | 200 | 50% | 100 | 100 |
| 12개월 초과 | 100 | 100% | 100 | - |
| 합계 | 1,000 | | 290 | 710 |

매출채권 연령 구간과 구간별 대손 설정율은 회사의 비즈니스 특성과 과거 실제 대손 경험률을 반영해서 조정할

수 있습니다. 이 또한 재무실사, 회계감사, 기업 상장 등을 진행할 때 우선하여 검토 대상이 되는 항목이니, 회사가 미리 준비해야 합니다.

결국, 대손충당금은 받지 못할 것으로 예상하는 잠재된 지우개 값과 같습니다. 이 금액을 미리 재무제표에 반영하는 것은 회사의 재무 상태를 과대평가하지 않는 투명성의 증거입니다. 따라서 '지우개 값'을 떼일 위험이 있는 한, 모든 스타트업은 이 잠재된 손실을 미리 인식하여 재무제표에 반영해야 합니다. 이것이 바로 스케일업 과정에서 겪을 수 있는 재무적 위험에 미리 대비하는 방법입니다. 무엇보다 경영자의 관심이 우선입니다.

# 스케일업 회계성장통
## : 지뢰찾기 폭탄게임

　회계에서 자산은 미래에 회사에 이익을 가져올 수 있는 '가치 있는 지우개'와 같습니다. 반면, 비용은 이미 사용되어 사라진 '닳아 없어진 지우개'와 같습니다. 우리는 지금까지 자산과 비용을 지우개에 비유해서 생각해 보았습니다. 회계 원칙은 닳아 없어진 지우개는 비용으로 정확히 인식하는 것이죠.

　하지만 일부 스타트업 경영자들은 창업 초기 손실을 줄이고 재무 상태를 좋게 보이려는 유인 등으로 이미 사라진 비용을 '아직 닳지 않은 지우개'처럼 자산으로 둔갑시키는 경우가 있습니다. 이것이 바로 가지급금, 선급금, 기타자산 등의 항목에서 발생하는 회계 오류입니다.

## ||||||||||||||||||||||||||||
### • 숨겨진 비용 : '자산'으로 둔갑한 닳아 없어진 지우개

- **가지급금** : 대표이사나 임직원이 개인적인 용도로 회사 자금을 사용하고, 그 출처가 명확하지 않은 금액을 '가지급금'이라는 이름으로 자산에 기록하는 경우가 있습니다. 이는 개인적인 용도로 쓴 지우개 값으로 이해할 수 있습니다. 회사 자금으로 산 '지우개'를 개인적으로 사용하고, 그 비용을 처리하지 않고 마치 '회사가 나중에 돌려받을 자산'인 것처럼 장부에 남겨두는 것과 같습니다. 이 지우개는 이미 사용되어 닳아 없어졌지만, 비용으로 인식되지 않아 재무상태표의 자산만 부풀려지는 문제가 발생합니다.

  가지급금 존재 자체가 문제가 되지는 않습니다. 해당 금액을 개인적으로 사용한 대표이사 등으로부터 회수할 수 있으면 자산의 가치가 있지만, 문제는 대표이사 등이 회사에 돈을 갚을 의지가 없다는 것입니다. 즉, 회사가 금액을 대표이사 등으로부터 회수하지 못한다고 판단된다면 자산으로 인식된 가지급금에 대해 '대손상각비'라는 비용을 인식해야 합니다.

- **선급금** : 선급금은 회사가 상품이나 서비스를 공급받기

전에 미리 지급한 금액으로, 회사는 미래에 그에 상응하는 상품이나 서비스를 받을 권리가 생깁니다. 즉 선급금은 원칙적으로 자산입니다. 그러나, 명확한 계약이나 증빙 없이 또는 비용 성격으로 지출한 금액을 자산 항목 선급금으로 기록하는 때도 발생합니다. 또는 돈을 미리 지급하고 선급금으로 인식했지만, 상대방이 파산하거나 약속을 이행하지 않아 상품이나 서비스를 받지 못하게 된 경우도 있지요. 그렇다면 이 경우에도 선급금에 대해 비용으로 처리해야 합니다.

- **기타자산** : 자산으로서의 가치가 불분명하거나 회수 가능성이 낮은 항목들을 기타자산으로 뭉뚱그려 기록하는 경우도 흔히 발생합니다. 이미 낡아 버렸거나, 어디에 쓰였는지 알 수 없는 정체불명의 지우개에 가치가 남아있는 것처럼 장부에 기록하는 것이죠. 이는 비용으로 처리해야 했을 금액을 자산으로 남겨두어, 회사의 재무 상태를 과대평가하는 결과를 낳습니다.

회사가 성장하고 거래가 빈번해지며 회사 자금이 외부로 유출되는 과정에서 거래의 실질에 맞게 제때 장부에 반영하지 않을 경우, 가치 없는 항목이 자산으로 과대평가되는 오류의 씨앗이 싹트기 시작합니다. 따라서 이러한 자산 항목에 대해서는 비용을 인식해야 합니다. 재무상태표에 가지급금, 선급금 등에 표시된 1,000만 원 중 500만 원이 자산 가치가 없다고 판단된다면, 동 금액만큼 대손충당금이라는 표시를 해서 자산가치를 줄이고(①), 손익계산서에 대손상각비라는 비용으로 반영(②)해 주어야 합니다.

자산성을 상실한 자산 항목 : 비용인식(예시)

| 재무상태표 | | | 손익계산서 | | |
|---|---|---|---|---|---|
| 가지급금, 선급금 등 | 1,000 | ⇨ | | | |
| **대손충당금** | **① (500)** | | **대손상각비** | **② 500** | 가치 없는 자산, 비용 반영 |
| 장부금액 | 500 | | | | |

### • 회계 장부 속 시한폭탄 : 닳아 없어진 지우개의 반격

살펴본 바와 같이, 자산 가치가 없는 지출은 이미 소멸된 닳아 없어진 지우개와 같습니다. 비용으로 처리했어야 하지만, 손실을 숨기려는 의도 또는 회계장부 작성 오류 등으로 가지급금, 선급금, 기타자산 등의 이름으로 자산에 억지로 남겨두는 경우가 있습니다. 이와 같이 자산 가치가 없는 비용 항목을 계속 재무상태표에 남겨 놓게 되면 어떻게 될까요? 이 순간, 이 금액은 회계 장부 속에서 언제 터질지 모르는 시한폭탄 됩니다.

폭탄은 시간이 지나면 터지게 마련입니다. 스케일업 단계에서 투자 유치나 IPO를 위해 회계 감사를 받게 되면, 감사인은 이 숨겨진 폭탄을 반드시 찾아냅니다. 감사인은 자산의 실질 가치를 자세히 검토하고, 자산 가치를 잃은 금액들을 모두 찾아내어 비용으로 재분류할 것을 요구하게 되는 것이죠. 그동안 누적된 금액이 한 번에 비용으로 처리되면, 그해의 당기순이익은 급격히 감소하고, 재무상태표의 자산이 크게 줄어듭니다. 이는 마치 숨겨 놓았던 지우개 폭탄이 터져 회사에 큰 손실을 입히는 것과 같습니다.

장부에 기재된 자산의 실질이 가치 없는 비용이었음이 밝혀지면 회사의 재무제표는 신뢰를 잃게 됩니다. 이는 추가 투자 유치를 불가능하게 만들거나, 기업가치 하락 요인으로 작용하기도 하고, 기존 투자자의 이탈을 일으킬 수 있습니다. 경영자 자신도 회사의 진짜 재무 상태를 파악하지 못했다면 잘못된 의사결정을 내릴 수 있습니다.

## • 폭탄을 제거하는 용기

그렇다면 경영자는 어떻게 해야 할까요? 아쉽지만 비법은 없습니다. 생존을 넘어 성장을 추구하는 경영자라면 지뢰 제거반을 가동해야 합니다. 가지급금, 선급금, 기타자산 구성 항목을 정기적으로 자세히 검토하고, 회수 가능성이 불투명한 가지급금이나 계약이 지연되는 선급금이 있다면 즉시 원인을 파악해야 합니다. 지우개 비유처럼, 자산의 가치가 이미 사라졌다고 판단되면 비용으로 전환해야 합니다.

이를 위해 기말 결산 시점 이전에 분기별 또는 반기별 가결산을 수행하고 재무제표뿐만 아니라, 해당 항목에 대한 계정별 원장을 검토할 필요가 있습니다. 장부 작성을 외부에 맡긴 경우에는 해당 업체에 요청하면 됩니다. 요청하지 않으면 주지 않으니, 먼저 알고 챙겨야 합니다. 계정별 원장은 특정 계정의 모든 거래 내역을 시간순으로 기록한 장부입니다. 이 서류를 검토하는 것은 마치 지뢰 탐지기를 들고 장부의 구석구석을 살펴보는 것과 같습니다. 이 과정을 통해 숨겨진 위험 요소를 미리 파악하고 제거할 수 있습니다.

계정별 원장 : 선급금(예시)

| 계정명 | 일자 | 거래처 | 적요 | 지출금액 | 회수금액 | 잔액 |
|---|---|---|---|---|---|---|
| 선급금 | 20xx.x.x | a사 | 개발용역 착수금 | xxx | xxx | xxx |
| 선급금 | 20xx.x.x | 대표이사 | 대표이사 인출 | xxx | xxx | xxx |

가지급금, 선급금 등 자산 가치를 상실한 지출은 결국 회계감사라는 스위치를 통해 반드시 터지게 될 폭탄입니다. 따라서 스타트업 경영자는 이 폭탄을 미리 발견하고, 비용은 비용으로, 자산은 자산으로 투명하게 처리하여 장부에서 제거해야 합니다. 이것이 바로 회계 투명성을 확보하고, 스케일업 과정에서 닥칠 수 있는 재무적 위기를 대비하는 방법입니다.

지뢰 찾기 게임이 필요한 순간입니다.

# PART.4

스케일업 회계성장통 2

# 스케일업 회계성장통
## : 우리 회사의 진짜 매출은 얼마일까?

우리는 Part III에서 지우개로 비유되는 자산과 비용의 관계를 살펴보았습니다. 가치 있는 지우개가 시간이 지나며 닳아 없어지듯 감소한 가치를 비용으로 인식해야 한다는 내용이 핵심이었죠. 이제부터는 손익계산서에 반영되는 수익 부분을 살펴보고자 합니다.

수익은 손익계산서에 매출 항목으로 가장 먼저 표시되는 항목으로, 회계에서 매출은 회사의 주된 영업 활동을 통해 벌어들인 총금액을 의미합니다. 지우개를 만드는 스타트업이라면, 고객에게 지우개를 판매하여 얻은 금액이 모두 매출이 되는 것이죠. 매출은 회사가 고객에게 가치 있는 상품이나 서비스를 성공적으로 제공했다는 의미로서, 기업이 시장에서 고객의 인정을 받고 있다는 가장 확실한 증거입니다. 매출이 꾸준히 발생한다는 것은 비즈니스 모델이 시장에서 통하고 있다는 뜻이며, 이는 곧 회사의 생존 가능성을 높여줍니다. 반대로 매출이 없다면, 아무리 좋은 아이디어라도 시장성이 없다고 판단될 수 있습니다.

### • 현금주의와 발생주의

매출이 손익계산서에 인식되는 기준이 있습니다. 매출을 인식하는 방법 중 첫 번째로 고려해 볼 것이 현금주의와 발생주의입니다. C사 사례를 보겠습니다.

- 20x1년 12월 지우개 제품 2,000만 원 판매(납품 완료)
- 20x1년, 1,500만 원 수령, 500만 원은 다음 연도 20x2년 1월에 받기로 함
- 20x1년 발생한 제품 제작비용 500만 원은 20x1년에 현금으로 지출

c사의 20x1년 손익계산서는 어떻게 작성되어야 할까요? 현금주의는 수익과 비용을 현금의 유입과 유출기준으로 작성하는 것입니다. 현금이 들어왔을 때단 매출로 인식하는 방식이죠. 발생주의는 현금의 유출입과 관계없이 거래가 발생했을 때 매출로 인식하는 방식으로, 제품을 외상으로 팔았더라도 매출을 기록하는 방법입니다. 재무제표는 다음과 같습니다.

(단위 : 만 원)

| 구분 | 손익계산서(현금주의) | | 손익계산서(발생주의) | |
|---|---|---|---|---|
| | 20x1년 | 20x2년 | 20x1년 | 20x2년 |
| 수익 | 1,500 | 500 | 2,000 | 0 |
| 비용 | 500 | 0 | 500 | 0 |
| 이익(손실) | 1,000 | 500 | 1,500 | 0 |

 현금주의는 현금 유입액을 매출로, 현금 유출액을 비용으로 반영하므로 적용이 단순합니다. 총매출 2,000만 원 중, 20x1년 매출은 1,500만 원, 20x2년 매출이 500만 원으로 인식됩니다. 발생주의는 현금과 상관없이 거래가 발생하면 매출로 인식하는 방법으로 매출 2,000만 원 모두가 20x1년에 인식됩니다. 어떤 방법이 더 합리적으로 생각되나요?

결론적으로 회계는 발생주의를 채택합니다. 기업이 거래로 인한 받을 권리와 지급할 의무가 발생했다면, 현금 유출입과 무관하게 이를 재무제표에 반영해서 더 적절한 경영 성과와 재무 상태를 보여주자는 취지입니다. 재무제표는 발생주의라는 사실을 먼저 인지해야 합니다.

### • 매출 인식도 타이밍이 중요하다

발생주의 매출은 현금의 유출입과 관계없이 거래가 발생했을 때 수익을 인식하는 방법이라고 했습니다. 다음으로 고려해 볼 내용은 발생주의 매출 인식을 위한 타이밍입니다. 이를 회계기준에서는 수익 인식 기준이라 표현합니다. 일반적인 수익 인식 기준은 다음과 같습니다.

- **물품 판매거래** : 상품 및 제품을 인도하여 소유권이 상대방에게 넘어가는 시점입니다. 매출 목표 달성을 위해 1월 납품 예정인 제품을 12월에 서류상으로만 출고 처리하고 매출로 인식하면 회계 오류입니다.
- **용역 제공거래** : 결과물이 완성되어 고객에게 전달되고 고객의 검수가 완료되는 시점으로 계약서상 조건을 모두

충족시키는 시점에 매출을 인식해야 합니다. 납품확인서, 검수확인서와 같은 거래 서류를 갖춰야 합니다.
- **일정기간 용역을 제공하는 거래** : 일정 기간에 걸쳐 용역 진행 정도에 따라 수익을 인식합니다. 제공하기로 한 용역의 진행률을 측정해야 할 필요가 있습니다. 일반적으로 용역제공을 위해 예상되는 총예상원가 대비 일정기간 발생한 원가금액의 비율로 진행률을 측정합니다.
- **유지보수, 구독서비스** : 계약조건에 따라 계약기간 동안 수익 인식합니다. 만약 12개월 치 구독료를 계약 시점에 받았다면? 회계는 현금주의가 아닌 발생주의입니다. 매달 1개월치에 해당하는 금액을 매출로 인식합니다.

매출이 본격적으로 발생하고 스케일업을 도모하는 경영자라면, 잠시 멈추고 손익계산서 매출을 들여다보아야 합니다. 상기 사항은 예시적인 내용일 뿐, 회사의 비즈니스 모델에 맞는 수익 인식 기준을 세부적으로 검토해야 합니다. 우리 회사의 매출은 어떤 기준에 의해, 언제 어떻게 손익계산서에 반영되고 있는지를 회계 전문가와 함께 검토하고 회사의 수익 인식 기준을 문서화 된 형태로 정립해야 합니다. 매출은 회사의 성장 지표와 기업가치를 판단하는 중요한 지표이기 때문입니다.

지우개를 판매하는 기업의 수익 인식기준 검토표(예시)를 작성해 보면 다음과 같습니다.

수익인식 기준 체크리스트(예시)

| No | 내용 | 확인 | 비고 |
|---|---|---|---|
| 1 | 거래의 의무를 모두 이행하였는지 여부 (고객에게 제품을 인도했는지 여부) | Y | 20x1.12 지우개 발송 완료 |
| 2 | 회사의 주된 영업 활동에서 발생했는지 여부 | Y | 지우개 판매는 주된 사업 활동임 |
| 3 | 수익 인식 시점은 언제인지? | 20x1.12 | 제품 배송일 기준 |
| 4 | 수익 금액은 명확하고, 받을 금액이 확정되었는지 여부 | Y | 계약서 금액 확정 |

매출 인식 타이밍 관련해서 유의해야 할 사항이 있습니다. 많은 기업이 매출 세금계산서 발행 시점을 기준으로 매출을 인식하고 있습니다. 세금계산서는 세법상 부가가치세 신고와 납부를 위해 발행하는 서류입니다. 세금계산서는 거래 발생을 확인하는 하나의 거래 자료가 될 수는 있지만, 회계상 수익 인식은 발생주의 원칙에 근거한 수익 인식기준에 따라 이루어져야 합니다. 회계기준과 세법은

다릅니다.

매출액의 크기만을 볼 때가 아닙니다. 이제 회사의 매출 인식 타이밍을 확인해 볼 시점입니다.

# 스케일업 회계성장통 : 수익인식을 위한 주연과 조연을 가려라

스타트업이 플랫폼 기반의 비즈니스 모델을 구축하는 경우가 많습니다. 이때 가장 중요한 회계 이슈가 바로 매출을 어떤 방식으로 기록할 것인가입니다. d사가 지우개를 사고팔고자 하는 사람들을 연결해 주는 온라인 플랫폼 지우개 링크를 운영한다고 가정합니다. 이 플랫폼의 역할은 다음과 같습니다.

- 고객이 플랫폼에서 1,000원짜리 지우개를 주문하고 구매합니다.
- 고객의 결제대금은 플랫폼을 거쳐 판매자에게 900원이 전달됩니다.

- 지우개 링크는 입금된 1,000원 중 중개 수수료로 100원을 가져갑니다.

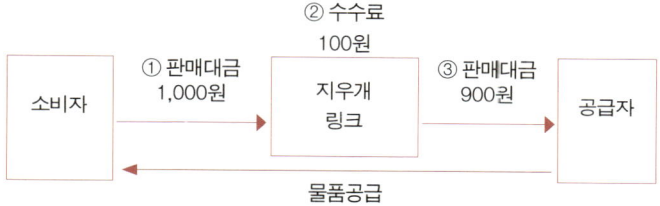

d사의 손익계산서를 어떻게 작성해야 할까요?

(단위 : 원)

| 구 분 | 방법1 | 방법2 |
|---|---|---|
| 수익 | ① 1,000 | ② 100 |
| (-)비용 | ③ 900 | 0 |
| 이익 | 100 | 100 |
|  | 최종 이익은 동일 ||

첫 번째는 소비자로부터 수령한 1,000원(①)을 매출로 인식하고 공급자에게 지급한 900원(③)을 비용으로 인식하는 방법입니다. 이익은 수익에서 비용을 차감한 100원으로 산출됩니다. 두 번째는 자신의 플랫폼 중개수수료 100원을 수익으로 인식하는 방법입니다. 비용으로 인식할 금액은 없고 이익은 100원으로 산출됩니다.

참고로 첫 번째 방법을 수익을 총액으로 인식하는 방법으로 '총액법'이라 하고, 두 번째 방법을 거래액에 대한 수수료만을 매출로 인식하는 '순액법'이라 표현합니다. 총액법과 순액법 모두 이익은 100원으로 동일하지만, 총액법은 순액법에 비해 매출이 10배 더 크게 표시되는 특징이 있습니다.

### • 돈을 벌기 위한 주연과 조연을 가려야 한다

무엇이 정답일까요? 기업이 하는 역할에 달려 있습니다. 거래의 주연인지 조연인지를 판단해서 적절한 답을 정해야 합니다. 지우개 링크가 거래의 모든 책임과 위험을 지는 역할을 한다면, 매출을 1,000원으로 인식하는 총액 인식이 적절합니다. 판매자로부터 지우개를 900원에 사와서, 고객에게 1,000원에 팔았다고 보는 관점입니다. 지우개의 소유권을 가지고, 가격을 직접 결정하며, 고객 불만족에 대한 주된 책임을 질 때에 적용할 수 있습니다.

반면, 지우개 링크가 단지 판매자와 고객을 연결하는 대리인(Agent) 역할만 했다면, 순수한 수수료(100원)만 매출로 인식하는 순액 인식이 합리적입니다. 지우개 링크는 지우개의 소유권을 가진 적이 없으며, 단지 거래가 성사되도록 도와주고 그 대가로 100원의 중개 수수료만 받았다고 보는 것입니다.

총액과 순액 중 어떤 방식으로 수익을 인식할지를 회계에서는 거래의 주연으로서 '본인' 역할을 하는지, 조연으로서 '대리인' 역할을 하는지로 판단합니다. 이 판단은 회계감사 시 주요 쟁점이 되므로, 스타트업은 사업 모델에 맞는 수익 인식 기준을 명확히 세워야 합니다. 이를 위해 '총액, 순액 체크리스트'를 작성할 필요가 있습니다.

총액·순액 체크리스트(예시)

| No | 내용 | 확인 | 근거 | 판단 |
|---|---|---|---|---|
| 1 | 재화·용역 제공에 대한 주요 책임 부담 여부 | N | 주요 책임은 판매자가 부담 | 순액 |
| 2 | 판매가격 결정권 보유 여부 | N | 지우개의 가격은 판매자가 결정함 | 순액 |
| 3 | 재고 위험 부담 여부? | N | 플랫폼은 지우개를 직접 보유하지 않음. 재고 위험은 판매자가 부담 | 순액 |
| 4 | 품질에 대한 책임 부담 여부? | N | 불량품에 대한 책임은 판매자가 부담 | 순액 |

## • 무엇을 하는 회사인가를 생각하자

문득 "나는 누군인가"라는 질문이 생각나네요. 매출 인식을 위해서는 "우리 회사는 무엇을 하는 회사인가"를 떠올려보아야 합니다. 회사는 일반적으로 총액법을 선호하는 경향이 있습니다. 살펴본 바와 같이 이익은 동일해도 기업의 외형인 매출액 규모를 크게 보이고자 하는 유인 때문입니다.

손익계산서에 표시되는 수익은 영업수익과 영업외수익으로 구분된다고 했습니다. 영업수익은 기업의 주된 사업활동에서 발행하는 수익입니다. d사는 무엇을 하는 회사인가요? 지우개를 만들어서 파는 회사가 아닙니다. 지우개 거래를 중개하는 플랫폼 서비스를 제공하는 회사입니다. 따라서 d사가 지우개링크 플랫폼으로 달성하는 매출은 중개수수료만을 수익으로 인식하는 순액법을 적용해야 합니다.

수익을 올바르게 인식하고 분류하는 것은 회사의 진정한 가치를 보여주고, 투자자와 금융기관으로부터 신뢰를 얻는 데 필수적인 절차가 될 것입니다. 플랫폼 관련 업종을 영위하는 회사라면 사업 초기부터 명확히 검토해야 합니다. 매출액 100억 원을 달성했는데, 회계감사를 통해 매출액이 한순간에 10억 원으로 변경될 수도 있으니까요.

## 스케일업 회계성장통
## : 정부지원금

　스타트업에게 정부지원금은 사업 초기 중요한 자금조달 수단 중 하나입니다. 창업 초기 매출이 안정화되기 전까지 운영자금 확보가 어려운 경우가 많으므로, 개발 자금, 인건비, 마케팅 비용 등 비용 부담을 덜어주는 중요한 자금원이죠. 이러한 각종 지원금 및 보조금은 사업 지속성과 성장 가능성을 높이는 핵심 자원이 됩니다. 하지만, 이 소중한 자금을 회계적으로 어떻게 처리해야 하는지 정확히 알지 못하면, 추후 회계감사에서 문제가 될 수 있습니다.
　정부지원금은 수령 목적에 따라 크게 두 가지로 나누어집니다.

- **자산취득 목적** : 기계나 장비 등 특정 자산을 구입하는 데 사용
- **비용보전 목적** : 인건비, 외주 용역비 등 회사의 운영 비용을 충당하는 데 사용

|||||||||||||||||||||||||||||
### • 지우개 제조를 위한 기계취득 대금을 수령하는 경우

먼저 자산 취득 목적으로 받은 정부지원금 회계처리를 살펴보겠습니다.

지우개를 제작해서 판매하는 e사가 지우개 제조를 위한 기계장치를 2025년 초에 1,000만 원(①)에 취득하고, 2025년부터 5년간 매년 감가상각비 200만 원(②)을 인식한다고 가정합니다. 이 경우 재무제표는 다음과 같습니다.

자산 취득과 감가상각비 인식 : 재무제표 예시 (단위 : 만 원)

| 구 분 | 2025년 기초 | 2025년 기말 | 2026년 기말 | 2027년 기말 | 2028년 기말 | 2030년 기말 |
|---|---|---|---|---|---|---|
| 재무상태표 | | | | | | |
| 기계장치 장부금액 | ① 1,000 | 800 | 600 | 400 | 200 | 0 |
| | | | | | | |
| 손익계산서 | | | | | | |
| **비용**(감가상각비) | | ② 200 | 200 | 200 | 200 | 200 |

만약 e사가 기계장치 구입 비용 보전 목적으로 정부지원금 500만 원을 수령했다면 재무제표에 다음과 같이 반영해야 합니다.

자산 취득 정부지원금 회계처리 : 재무제표 예시 (단위 : 만 원)

| 구분 | 2025년 기초 | 2025년 기말 | 2026년 기말 | 2027년 기말 | 2028년 기말 | 2030년 기말 |
|---|---|---|---|---|---|---|
| 재무상태표 | | | | | | |
| 기계장치 장부금액 | ③ 500 | 400 | 300 | 200 | 100 | 0 |
| | | | | | | |
| 손익계산서 | | | | | | |
| **비용(감가상각비)** | | ④ 100 | 100 | 100 | 100 | 100 |

정부지원금으로 취득한 기계의 장부가액을 지원금만큼 줄여줍니다. 즉, 1,000만 원짜리 기계장치를 구입하는 데 500만 원을 정부지원금으로 충당했으므로 기계장치 취득금액을 500만 원(③)으로 기록하는 방법입니다. 500만 원에 대한 5년간의 감가상각비 100만 원(④)을 매년 손익계산서에 인식합니다.

정부지원금을 받지 않았을 경우 비용으로 인식되는 감가상각비는 매년 200만 원씩 5년 합계 1,000만 원인 반면,

정부보조금 수령으로 인해 감가상각비는 매년 100만 원으로 감소해서 5년간 500만 원을 인식하게 됩니다. 결국, 자산 취득 정부보조금 500만 원은 자산 사용기간 동안 비용을 100만 원씩 줄여주는 역할을 하게 되지요.

만약, 정부지원금을 받는 20x1년에 1,000만 원을 모두 수익으로 처리하게 된다면, 회계 오류입니다. 정부지원금 수령 시점에는 수령액 모두가 이익 증가 요인으로 작용하는 반면, 이후 시점에는 적정한 감가상각비가 인식되지 않아 기간별 올바른 경영 성과가 왜곡됩니다. 주로 사업 초기 손실을 줄이고자 이와 같은 방법을 고려할 수도 있지만, 자산의 사용기간 동안 보조금 해당분만큼 감가상각비 비용을 줄이는 방법이 올바른 회계처리입니다.

### • 지우개 제조를 위한 비용을 수령하는 경우

e사가 지우개 제품매출 2,000만 원을 달성하고 이를 위한 영업비용으로 3,000만 원 발생했다고 가정합니다.

### 비용 보전 정부지원금 회계처리 : 재무제표 예시 (단위: 만 원)

| 구 분 | 최초 | 정부지원금 2,000만 원 수령 | | |
|---|---|---|---|---|
| | | (방법 1) 영업외수익 | (방법 2) 영업비용 차감 | (방법 3) 매출 반영 |
| 영업수익 | 2,000 | 2,000 | 2,000 | ③ 4,000 |
| (-) 영업비용 | 3,000 | 3,000 | ② 1,000 | 3,000 |
| 영업이익(손실) | (1,000) | (1,000) | 1,000 | 1,000 |
| (+) 영업외수익 | 0 | ① 2,000 | 0 | 0 |
| (-) 영업외비용 | 0 | 0 | 0 | 0 |
| 당기순이익(손실) | (1,000) | 1,000 | 1,000 | 1,000 |

영업수익(제품 매출)은 2,000만 원, 영업비용 3,000만 원으로 영업손실 (-)1,000만 원이 인식되고 영업외수익과 비용은 없으므로 당기순손실 (-)1,000만 원이 표시됩니다. 만약 회사가 인건비 등 영업비용 보전 목적으로 정부지원금 2,000만 원을 받았다고 가정하면, 반영할 수 있는 회계처리 방법은 3가지가 있습니다.

첫째. 수령한 정부지원금 2,000만 원을 영업외수익(①)으로 처리하는 방법입니다. 이로 인해 당기순이익이 동 금액만큼 증가해서 당기순손실 (-)1,000만 원에서 당기순이익 1,000만 원으로 표시됩니다.

둘째, 정부지원금 2,000만 원의 수령 원인인 비용 보존 목적에 따라 영업비용을 줄여 주는 방법입니다. 이로 인해 영업비용은 최초 3,000만 원에서 2,000만 원을 차감한

1,000만 원(②)으로 표시되고, 영업비용이 감소했으므로 영업손실 (-)1,000만 원에서 영업이익 1,000만 원으로 변경되는 효과가 있습니다.

셋째, 정부지원금 2,000만 원을 매출(영업수익)로 반영하는 방법입니다. 영업수익은 최초 매출 2,000만 원에서 정부지원금 2,000만 원을 합한 4,000만 원(③)으로 표시됩니다.

**방법 1**'은 정부지원금을 영업외수익으로 처리하므로 회계처리가 비교적 단순하고 정부지원금 수령액 정보를 손익계산서에서 파악 가능한 방법입니다. 반면, 비용 보전이라는 지원금 수령 목적에는 맞지 않아 실질적인 영업손익 정보 제공이 제한되는 측면이 있습니다. '**방법 2**'는 비용 보전이라는 실질에 따라 영업비용을 줄이는 회계처리로서, 보조금을 차감한 영업비용이 반영되고 이로 인해 영업이익이 증가하는 효과를 보여줍니다. 정부지원금을 매출액으로 기록하는 '**방법 3**'은 해당 금액이 고객에게 상품이나 서비스를 판매한 것처럼 잘못 이해될 수가 있습니다.

이와 같이, 정부지원금 수령 목적과 회계처리 방안에 따라 재무제표에 다양한 영향을 미치게 됩니다. 사업이 성장할수록 경제적 실질에 맞는 정부지원금 회계처리 기준을 검토하고 정립해야 합니다.

# 스케일업 회계성장통
# : 숨겨진 지우개 값

　회계에서 부채는 회사가 미래에 갚아야 할 '의무'입니다. 마치 지우개를 구입하고 "나중에 지우개 값을 갚겠습니다"라고 약속한 것과 같습니다. 부채는 재무상태표의 한쪽을 차지하며, 회사의 자본과 함께 재무 건전성을 보여주는 중요한 지표입니다. 하지만 일부 기업은 재무 상태를 좋게 보이려고 이 부채를 의도적으로 또는 실수로 누락하는 경우가 있습니다. 재무제표에 빚을 기록하지 않는 것이죠. 이는 마치 아무도 모르게 숨겨놓은 '빚 폭탄'을 만드는 것과 같습니다. 부채 누락은 지금은 재무제표를 좋게 보이게 할지는 모르지만, 이는 결국 더 큰 위험을 불러오는 치명적인 행위입니다. 숨겨진 '빚 폭탄'은 회사 성장 과정에서 회계감사라는 스위치를 통해 반드시 터지게 될 것입니다.

부채를 누락 한다는 의미는 비용도 인식하지 않는 것으로 이해하면 됩니다. 복식부기를 떠올려 보시죠. 왼쪽에는 자산 또는 비용, 오른쪽에는 부채 또는 수익이었습니다. 부채를 오른쪽에 기록할 때 왼쪽에 함께 기록되는 항목은 비용입니다. 즉, 부채를 장부에 기록하지 않는다는 의미는 비용도 인식하지 않는다는 의미가 됩니다. 결국, 비용이 포함되지 않아 이익은 실제보다 커지고 부채가 누락되면 그만큼 순재산은 많아 보이게 됩니다.

[복식부기 : 부채의 인식]

| 왼쪽(차변) | | 오른쪽(대변) | |
|---|---|---|---|
| 비용 | xxx | 부채 | xxx |

## • 숨겨진 부채 폭탄 찾기

부채 누락 오류 중 가장 흔한 항목이 퇴직급여충당금입니다. 퇴직급여충당금은 임직원이 퇴직할 때 지급해야 할 퇴직금에 대비하여 미리 쌓아두는 부채입니다. 이는 현재

당장 나가는 현금은 아니지만, 회사가 미래에 반드시 지급해야 할 '의무'가 있는 빚입니다. 마치 "우리 직원이 퇴사하면 지우개 10개를 주기로 약속했습니다"라고 한 것처럼, 그 약속은 빚으로 기록되어야 합니다. 회계는 발생주의를 적용한다고 했지요. 퇴직금은 미래 퇴직 시점에 지급하지만, 회계는 현금 지급과 관계없이 임직원이 근무연수를 채웠을 때 퇴직금을 지급할 금액이 결정되고 의무가 발생한다면, 그 순간에 부채로 인식해야 합니다.

**퇴직급여충당금 인식(예시)** (단위: 만 원)

| 구분 | 왼쪽(차변) | | 오른쪽(대변) | |
|---|---|---|---|---|
| 20x1년 (결산) | 퇴직급여 | 1,000 | 퇴직급여충당부채 | 1,000 |
| 20x2년 (결산) | 퇴직급여 | 1,500 | 퇴직급여충당부채 | 1,500 |

(단위: 만 원)

| 재무상태표 | | | | 손익계산서 | | |
|---|---|---|---|---|---|---|
| 구분 | 20x1년 | 20x2년 | | 구분 | 20x1년 | 20x2년 |
| 부채 | | | | 비용 | | |
| 퇴직급여충당부채 | 1,000 | 2,500 | | 퇴직급여 | 1,000 | 1,500 |

상기 예시와 같이, 회사 임직원이 근속해서 퇴직금 규정에 따라 20x1년과 1,000만 원, 20x2년에 1,500만 원의 퇴직금이 발생했다면, 해당 금액을 해당 연도 재무제표 손

익계산서에 '퇴직급여'라는 비용과 '퇴직급여충당부채'라는 부채로 복식부기에 반영해야 합니다. 그 결과 손익계산서에는 20x1년과 20x2년에 비용이 퇴직급여 항목으로 각각 1,000만 원과 1,500만 원이 반영되고, 재무상태표에는 퇴직급여충당부채가 20x1년에 1,000만 원, 20x2년에는 그 시점까지 발생한 금액 합계인 2,500만 원이 표시됩니다. 만약 위와 같은 비용과 부채를 반영하는 회계처리를 누락한다면, 그만큼 이익은 커지게 되고 부채는 작아지는 것입니다. 문제는 미래 시점에 회계감사 등으로 이러한 오류가 지적된다면 그동안 인식하지 않았던 금액을 한 번에 비용과 부채로 반영해야 하는 부담이 발생합니다. 과거에 작성된 재무제표를 다시 작성하는 경우도 있습니다.

### • 숨겨진 빚을 찾아라

기업이 성장하는 과정에서 투자자의 요구 또는 법적 의무로 회계감사를 받게 되는 경우, 부채로 반영하지 않아서 주로 지적되는 주요 항목들은 다음과 같습니다.

- **미지급이자비용** : 회사가 빌린 돈(차입금)에 대해 이미 발생했지만, 아직 지급하지 않은 이자 금액을 뜻합니다.

이는 미래에 지급해야 할 '의무'가 발생했으므로 회계적으로는 부채에 해당합니다. 실제 이자 지급일과 관계없이 해당 기간 발생한 이자 금액을 정확히 계산해서 이자비용(비용)을 손익계산서에 기록하고, 동시에 미지급이자비용을 재무상태표에 부채로 기록해야 합니다.
- **미지급급여, 미지급상여** : 회사가 직원들에게 이미 지급해야 할 의무가 발생했지만, 아직 지급하지 않은 급여나 상여금을 뜻합니다. 지급해야 할 '의무'가 발생했으니 이 또한 부채에 해당합니다. 실제 발생 시점에 급여, 상여의 비용과 미지급급여 또는 미지급상여의 부채를 반영해야 합니다.
- **매입채무, 미지급금** : 회사가 물품을 매입 또는 외주 용역을 제공받고 대금을 일정 시점 후에 지급하기로 한 경우, 이 또한 갚아야 할 의무가 발생했으므로 물품 구입 비용, 외주비용과 함께 부채를 반영해야 합니다.

스타트업은 재무제표 작성 시 수익과 자산에 비해 부채 항목에 대한 관리가 소홀해지는 경향이 있습니다. 그러나 부채는 향후 현금 유출을 수반하는 법적·계약상 의무이므로, 이를 누락하면 기업의 재무 건전성이 과대평가되고,

투자자와 금융기관에 잘못된 정보를 제공하게 됩니다. 특히 외부감사 또는 투자 실사 과정에서 부채 누락이 발견될 경우, 오랜 기간 누적된 회계 오류가 발생할 수 있습니다. 회사는 내부적으로 매월 또는 분기별로 미래에 갚아야 할 항목 중 장부에 반영되지 않은 항목이 존재하는지에 대해 확인하는 절차를 수행해야 합니다. 회사의 재무 건전성을 파악하고 장기적인 성장을 위한 튼튼한 기반을 마련하는 방법입니다.

# 스케일업 회계성장통 : 멘붕을 가져오는 메자닌 회계처리

스타트업이 '스케일업' 단계로 진입하면, 일반적인 주식 발행이나 은행 대출만으로는 자금 조달이 어려울 때가 있습니다. 이때 등장하는 것이 바로 메자닌(Mezzanine) 투자 방식입니다. 우리는 이미 살펴보았습니다. 짬짜면과도 같았던 자본과 부채의 중간 성격을 가진 자본조달 방식이었죠. 자본과 부채의 성격을 동시에 가져 자본조달 방식으로 널리 사용되는 측면도 있지만, 바로 자본도 아니고 부채도 아니라는 특징으로 회계 처리가 까다로워 재무제표에 치명적인 오류를 남길 수 있습니다.

전환사채 회계처리를 예시로 살펴보겠습니다.

먼저 회사가 사채를 발행해서 자금을 조달한 경우입니

다. 액면 500만 원, 이자율 10%, 3년 만기 사채를 발행해서 500만 원을 조달했다고 가정하면, 자금을 빌려오고 정해진 이자와 원금을 상환하는 구조로서 사채는 재무상태표 부채로 표시됩니다. 투자자 입장에서 생각해 보면, 이자와 원금을 돌려받는 형식입니다.

**사채 발행 회계처리(예시)** (단위 : 만 원)

| 구 분 | 금 액 | 구 분 | 금 액 |
|---|---|---|---|
| 자산 | | 부채 | |
| 예금 | 500 | 사채 | 500 |

이제 회사가 전환사채를 발행해서 자금을 조달한다고 가정합니다. 전환사채는 일반사채의 성격에 또 하나의 선택지인 전환권이 추가된다고 했습니다. 전환권은 투자자가 이자와 원금을 돌려받는 대신 해당 금액에 대해 회사의 보통주식으로 전환할 수 있는 권리입니다. 즉, 투자자 입장에서 일반 사채에 비해 자신의 선택지가 추가된 것이죠. 그렇다면 회사는 일반사채로 투자받은 500만 원보다는 전환사채 발행을 통해 조금 더 높은 자금을 즈달받을 수 있습니다. 즉 전환사채의 가치는 일반사채의 가치보다 전환권에 대한 가치만큼 높다는 점입니다. 만약 회사가 전환사

채를 통해 700만 원의 자금을 조달할 수 있다면 일반 사채에 비해 전환권가치 200만 원 만큼 투자금액이 커지게 되는 것입니다.

> **전환사채 가치** = 일반사채 가치 + 전환권 가치
> **700만 원** = 500만 원 + 200만 원

이 경우 대부분 회사는 아래와 같이 재무제표에 반영합니다.

**전환사채 발행 회계처리(예시)** (단위 : 만 원)

| 구분 | 금액 | 구분 | 금액 |
|---|---|---|---|
| 자산 |  | **부채** |  |
| 예금 | 700 | **전환사채** | 700 |

이는 올바른 회계처리가 아닙니다. 전환사채를 발행해서 조달한 700만 원 중에서 일반사채를 발행할 때 조달할 수 있는 금액, 즉 일반사채의 가치 500만 원(①)은 부채로, 전환권에 부여된 전환권의 가치(전환권대가) 200만 원(②)은 자본항목으로 반영해야 합니다. 자본과 부채의 분류에 따라 부채비율 등 재무제표에 미치는 영향은 작지 않습니다.

**전환사채 발행 회계처리(전환권대가 자본분류 예시)** (단위 : 만 원)

| 구 분 | 금 액 | 구 분 | 금 액 |
|---|---|---|---|
| 자산 | | 부채 | |
| 예금 | 700 | 전환사채 | ① 500 |
| | | 자본 | |
| | | 자본잉여금(전환권대가) | ② 200 |

회계처리는 여기서 끝이 아닙니다. 만약 회사가 상장을 진행하는 경우 또는 상장회사의 종속회사가 된 경우 자본으로 분류된 전환권대가를 다시 부채로 분류해야 합니다. 이는 회계기준의 차이에서 비롯됩니다. 비상장기업에 적용되는 일반기업회계기준에서는 전환권대가를 자본으로 분류하는 반면, 상장사에 적용되는 국제회계기준에서는 부채로 분류하기 때문입니다. 그렇다면 재구제표는 아래와 같이 다시 변경됩니다.

**전환사채 발행 회계처리(전환권대가 자본분류 예시)** (단위 : 만 원)

| 구 분 | 금 액 | 구 분 | 금 액 |
|---|---|---|---|
| 자산 | | 부채 | |
| 예금 | 700 | 전환사채 | 500 |
| | | 전환권대가 | 200 |
| | | 자본 | |
| | | 자본잉여금(전환권대가) | 0 |

아직 마무리가 되지 않습니다. 국제회계기준에서는 부채로 분류된 전환권대가의 가치를 매 결산기마다 평가해서 재무제표에 반영해야 합니다. 전환권대가 가치가 200만 원에서 300만 원으로 증가한다면, 부채의 가치를 100만 원 늘려주고 그만큼 손실로 인식해야 합니다. 주가가 오르면 투자자들은 높은 주가에 비해 사전에 정해진 금액(전환가격)으로 주식으로 전환할 수 있으므로 유리합니다. 반면 회사 입장에서는 그만큼 불리해진 효과를 손실로 반영하는 것입니다. 주가가 올랐는데 손실을 인식해야 하는 이해하기 어려울 수도 있는 회계처리가 발생하는 것이죠. 반대의 경우 주가가 하락한다면? 회사는 이익을 인식합니다. 멘붕의 시작입니다.

회계처리로 인한 멘붕은 계속됩니다. 국제회계기준에 의하더라도 전환권대가를 무조건 부채로 분류하는 것은 아닙니다. 투자자가 주식으로 전환할 수 있는 전환가격이 정해졌다면, 즉 미래에 투자자가 전환권을 행사할 경우 발행해 줄 주식수가 확정된 경우에는 부채가 아닌 자본으로 분류됩니다. 국제회계기준에서도 전환권대가는 전환가격 확정 여부에 따라 부채 또는 자본으로 분류될 수 있는 것입니다.

상환전환우선주를 발행한 경우에도 회계처리의 난이도는 전환사채와 유사합니다. 상환전환우선주 발행을 통한 자금 조달액의 부채와 자본 분류, 상환전환우선주에 부여된 상환권과 전환권을 평가하고 손실 또는 이익을 인식해 주는 복잡한 회계처리 과정이 있습니다.

짬짜면과도 같은 메자닌 회계처리는 한마디로 복잡합니다. 전환사채에 부여된 전환권대가를 산정해야 하고, 회계기준에 따라 또는 전환가격 확정 여부에 따라 전환권대가를 자본 또는 부채로 분류해 주어야 합니다. 전환권대가를 평가하고 손실 또는 이익까지 반영해 주어야 하지요. 메자닌 방식으로 자금을 조달하는 경우에는 반드시 회계전문가와 회계처리 적정성을 검토하고 재무제표에 미치는 영향을 고려해야 합니다. 저에게 연락하시면 됩니다.

# 스케일업 회계성장통
## : 이익은 꿈이고 현금은 현실이다

회계 장부를 보면 이익이 발생했는데, 막상 통장 잔고에는 현금이 부족한 경우가 있습니다. 이익은 발생했지만, 현금은 없는 상황이죠. 이는 우리가 이미 살펴본 바와 같이 회계가 발생주의를 적용하기 때문에 발생하는 현상입니다.

두 회사를 예로 들어보겠습니다.

- a사와 b사는 모두 20x1년에 제품을 납품 완료하고 매출 2,000만 원을 실현했습니다. 다만 a사는 매출 시점인 20x1년에 매출대금 2,000만 원을 모두 받았지만, b사는 1,500만 원을 받고 나머지 500만 원은 다음연도 20x2년에 수령하기로 했습니다.

- 양 사는 제품 제조를 위해 발생한 영업비용 500만 원은 20x1년에 지출했다고 가정합니다.

두 회사의 20x1년 손익계산서는 어떻게 작성될까요?

(단위 : 만 원)

| 손익계산서(a사) | |
|---|---|
| 수익 | 2,000 |
| 비용 | 500 |
| 이익 | 1,500 |

| 손익계산서(b사) | |
|---|---|
| 수익 | 2,000 |
| 비용 | 500 |
| 이익 | 1,500 |

회계는 현금주의가 아닌 발생주의를 따른다고 했으니, 양 사의 손익계산서는 동일합니다. 모두 제품을 고객에게 인도해서 수익이 발생했기 때문에 매출은 현금 수령 시기와 무관하게 2,000만 원으로 인식되기 때문입니다. 이익이 동일하니, 통장의 잔고도 동일할까요? 현금 기준으로 생각해 보면, a사는 매출대금 2,000만 원을 수령하고, 영업비용 500만 원을 지출했으니 현금은 1,500만 원(①)이 남아있습니다. b사는 매출대금 1,500만 원을 받고 비용 500만 원을 유출한 결과 통장에 현금은 1,000만 원(②)이 남아있게 되네요. 재무상태표에 아래와 같이 표시됩니다.

a사와 b사의 손익계산서에 표시되는 매출과 이익은 동

일한데 통장 잔고는 차이가 나게 됩니다. 차이는 어디로 갔을까요? b사가 다음연도에 받기로 한 매출대금 500만 원(③)은 재무상태표에 매출채권으로 표시됩니다. 즉, 발생주의로 인해 손익계산서 매출은 인식했지만 현금흐름 관점에서 아직 돈이 입금되지 않은 부분은 재무상태표 매출채권으로 반영되어, 이는 현금흐름 관점에서는 아직 실현되지 않은 꿈과 같습니다. 매출채권이 정상적으로 회수되어야 현금의 현실이 되는 것이고 만약 거래처 사정 등으로 회수할 수 없다면, 더 이상 자산이 아닌 비용(대손상각비)으로 반영되어야 하는 것이죠.

(단위 : 만 원)

| 재무상태표(a사) | |
|---|---|
| 현금 | ① 1,500 |
|  |  |

| 재무상태표(b사) | |
|---|---|
| 현금 | ② 1,000 |
| **매출채권** | ③ 500 |

## • 현금흐름을 확인하자

　스타트업이 스케일업 단계로 넘어가면 외상 거래가 늘어나고, 인식해야 할 비용 또한 다양해집니다. 이 과정에서 매출과 이익은 늘어나지만, 현금흐름은 악화되는 상황에 빠질 수도 있습니다. 매출채권이 현금으로 회수되지 않거나, 재고자산이 현금화되지 않고 쌓여있는 경우, 유형자산을 구매하는 데 현금을 지출해버린 경우 등이 원인입니다. 이러한 문제를 해결하기 위해 회계에서는 현금흐름표라는 서류를 만듭니다. 현금흐름표는 손익계산서의 '이익'을 '실제 현금'으로 바꿔주는 재무제표입니다.

**현금흐름표(예시)** (단위 : 만 원)

| 현금흐름표(a사) | |
|---|---|
| 손익계산서 이익 | 1,500 |
| 조정사항 | |
| 없음 | 0 |
| 현금 | 1,500 |

| 현금흐름표(b사) | |
|---|---|
| 손익계산서 이익 | 1,500 |
| 조정사항 | |
| 매출채권 | ④ (-) 500 |
| 현금 | 1,000 |

현금흐름표를 작성하는 방법은 손익계산서 이익을 출발로 합니다. 이익이 모두 현금이라고 가정합니다. 수익과 비용이 모두 현금으로 유입되고 유출되었다고 가정하는 것이죠. 그리고 가정에 맞지 않는 내용들을 조정해 주는 것입니다. a사와 b사 모두 현금흐름표 출발점은 손익계산서 이익 1,500만 원입니다. a사 매출대금은 모두 돈으

로 들어왔고 비용은 돈으로 나갔으니 조정할 내용이 없습니다. 반면 b사의 경우, 매출대금 500만 원은 아직 입금되지 않았으니 현금흐름 관점에서 (-)500만 원(④)으로 조정해 주는 것입니다. 즉, 500만 원은 현금이 아닌 매출채권이라는 항목으로 반영되어 있는 것이죠. 이제는 재무상태표와 손익계산서 뿐만 아니라 현금흐름표도 함께 살펴봐야 하는 순간입니다.

기업이 성장할수록 경영자는 손익계산서 이익뿐 아니라 기업 생존에 직결되는 현금흐름을 분석하고 예상할 수 있어야 합니다. 지난달 또는 지난 분기의 현금흐름표를 분석해서 회사의 현금이 주로 어디에서 들어오고(매출채권 회수, 투자 유치 등), 어디로 나갔는지(인건비, 임대료, 장비 구입 등) 패턴을 파악해야 합니다. 과거 데이트를 바탕으로 미래에 발생할 현금 흐름을 구체적으로 예측하는 과정이 필요합니다.

- **매출채권 회수** : 예상 매출액 중 실제 현금으로 회수될 시점을 예측해야 합니다. 이를 위해 매출채권 연령분석표 등을 활용해서 "한 달 뒤에 들어올 돈", "두 달 뒤에 들어올 돈"을 예측하는 것이 중요합니다.

- **외부 자금 조달** : 예정된 투자 유치, 정부지원금 등의 유입 시점과 금액을 반영합니다.
- **영업비용 예측** : 영업비용을 인건비와 임대료, 통신비 등 매달 나가는 고정비성 경비, 그리고 예상 매출에 비례해서 늘어나는 매출원가 등 변동비성 경비로 구분해서 파악합니다.
- 신규 장비 구입, 사무실 확장 등 계획된 투자 지출과 대출금 이자 및 원금 상환액 등 현금유출을 예측합니다.

미래현금흐름 추정은 한 번 만들고 끝나는 서류가 아닙니다. 매월 또는 분기별 실제 현금 흐름과 비교하며 예측을 지속적으로 업데이트하는 과정을 반복해야 합니다.

이러한 발생주의 회계이익으로부터 도출되는 미래현금흐름 예측이 기업가치 평가 및 성장을 위한 발판이 됩니다. 이익은 투자자를 설득하는 데 중요하지만, 회사의 생존은 뭐니 뭐니 해도 통장 잔고에 달렸다는 점을 명심해야 합니다.

# 재무제표 학습정리
# : Final Wrap-up

복식부기라는 재무제표 출생의 과정과 결과물에 숨겨진 비밀을 알아봤습니다. 입력된 대로 출력되는 단순해 보이는 장부 속에 숨어있는 진실을 알아보는 여정이었다고 생각되네요. 아무도 먼저 챙겨주지 않는 현실 속에서 스스로 챙겨야 합니다. 아는 만큼 보인다고 했으니 말이죠. 이를 위해 다시 찾아온 복습 시간입니다.

## |||||||||||||||||||||||||||

• **재무상태표**

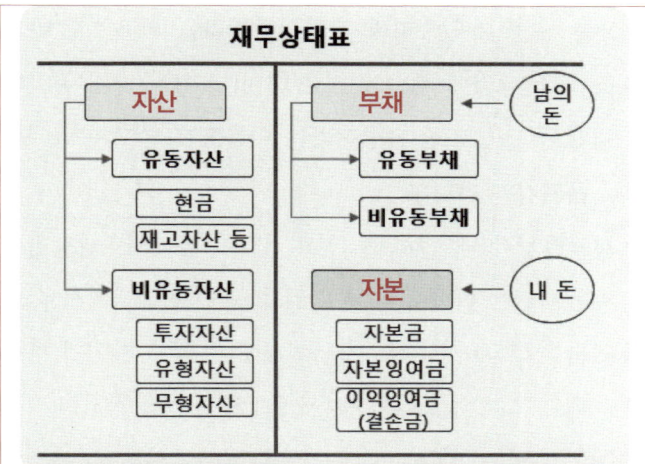

자산과 부채, 자본으로 표시되는 재무상태표에서 오류와 이슈의 본질은 지우개로 이해했습니다.
지우개는 가치 있는 자산이지만, 시간의 흐름과 함께 또는 가치 판단의 관점에 따라 재무상태표 자산이 아닌 손익계산서 비용으로 반영될 수 있다는 내용입니다. 자산의 형태를 한 비용은 없는지를 들여다보아야 합니다.

    스타트업이 성장 과정에서 흔히 접하는 개발비용은 일정 요건을 충족하는 경우에만 재무상태표 자산으로 분류될 수 있습니다. 더 중요한 사실은 언젠가는 다시 비용으로 반영되어야 한다는 것입니다. 개발비상각 또는 개발비손상이라는 이름으로요.

   수익 창출을 위해 일정 기간 보유하는 유형자산과 무형자산은 시간 경과에 따라 감가상각비라는 비용으로 반영되고, 특정 시점에 파손 등으로 더 이상 자산 가치가 없다고 판단된다면, 또한 손상이라는 이름표를 달고 손익계산서로 옮겨가야 합니다.

   재고자산과 매출채권도 눈여겨봐야 합니다. 재고자산과 매출채권은 판매를 통해 현금을 회수할 금액이므로 가치 있는 자산입니다. 재고자산이 팔리지 않고 가치가 하락한 상태로 창고에 쌓여가거나, 거래처로 받을 매출채권을 회수할 수 없는 경우라면 이들 또한 재고자산평가손실, 대손상각비라는 비용으로 반영되어야 합니다.

   이미 닳아 없어진 가치 없는 지우개가 자산으로 둔갑한 형태로 머물러 있는 경우도 있었죠. 회수 가능성이 낮다고 판단되는 가지급금, 선급금, 기타자산 항목 들이 있다면 원인을 파악하고 손익계산서로 이주시켜야 합니다.

   기업 스스로 자산으로 표시된 항목이 가치 있는 자산인지, 돈이 될만한 것들인지 챙겨보아야 합니다. 개발비 자산성 검토를 위한 개발계획서, 유형자산명세서, 재고자산수불부, 재고자산평가손실 설정기준, 매출채권연령분석표, 대손충당금 설정 기준 등을 검토하고 갖춰놓을 필요가 있습니다. 언젠가는 비용으로 터질 폭탄은 없는지 지뢰탐지 작업을 해 볼 시점입니다.

영원한 지우개는 없다는 사실을 유의해야 합니다. 비용으로 가야 할 항목을 재무상태표에 계속 남겨둔다면 당장의 손실을 줄이고 재무상태를 좋아 보이게 하는 효과는 있지만, 성장 과정에서 회계감사 과정 등을 통해 반드시 다시 큰 위험으로 돌아오게 됨을 명심해야 합니다.

자산과 매출에 비해 관리가 소홀할 수 있는 부채에도 관심을 기울여야 합니다. 미래 현금 유출이 필요한 항목이 재무제표에 표시되지 않은 항목이 있다면, 용기 내어 재무제표 부채 방을 내어주어 모두 부채에 표시될 수 있도록 반영하는 과정이 필요합니다.

자본조달과정에서 짬짜면과도 같은 메자닌 방식을 이용한 경우, 자본과 부채의 성격이 혼재된 이유로 회계처리 과정이 복잡하다고 했습니다. 반드시 회계처리 검토가 필요합니다.

## ||||||||||||||||||||||||||||
• **손익계산서**

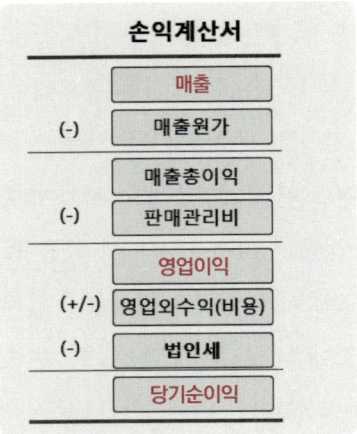

> 회계는 발생주의를 적용한다고 했습니다. 실제 현금유입 또는 유출과 무관하게 거래가 발생한 경우 매출과 비용을 인식해야 합니다.

매출을 인식하는 기준이 무엇인지 살펴봐야 합니다. 물품 제공, 용역 제공, 유지보수, 구독 서비스 등 다양한 수익 창출 형태에 따라 세부적인 매출 인식기준이 존재합니다. 수익 인식도 타이밍이 있으니 골든타임을 놓치면 기간별로 올바른 손익이 표시되지 않게 됩니다.

플랫폼 기반의 비즈니스 모델인 경우 수익인식 과정에서 주연과 조연을 가려볼 필요가 있습니다. 매출인식 총액법과 순액법 적용에 따라 매출액 규모가 크게 달라질 수 있으니 미리 검토해 봐야 합니다. 우리 회사는 무엇을 하는 회사인지, 영업수익과 영업외수익 구분에 대해서도 생각해 볼 필요가 있습니다.

정부지원금은 수령하는 원인에 따라 다양한 회계처리 방안이 존재하고 여러 기간에 걸쳐 재무제표에 효과를 미칠 수 있습니다. 사업이 성장할수록 경제적 실질에 맞는 정부지원금 회계처리 기준을 검토하고 정립해야 합니다.

지우개를 다시 한번 생각할 시점입니다. 손익계산서 비용으로 와야 할 항목들이 재무상태표에 계속 머무르고 있

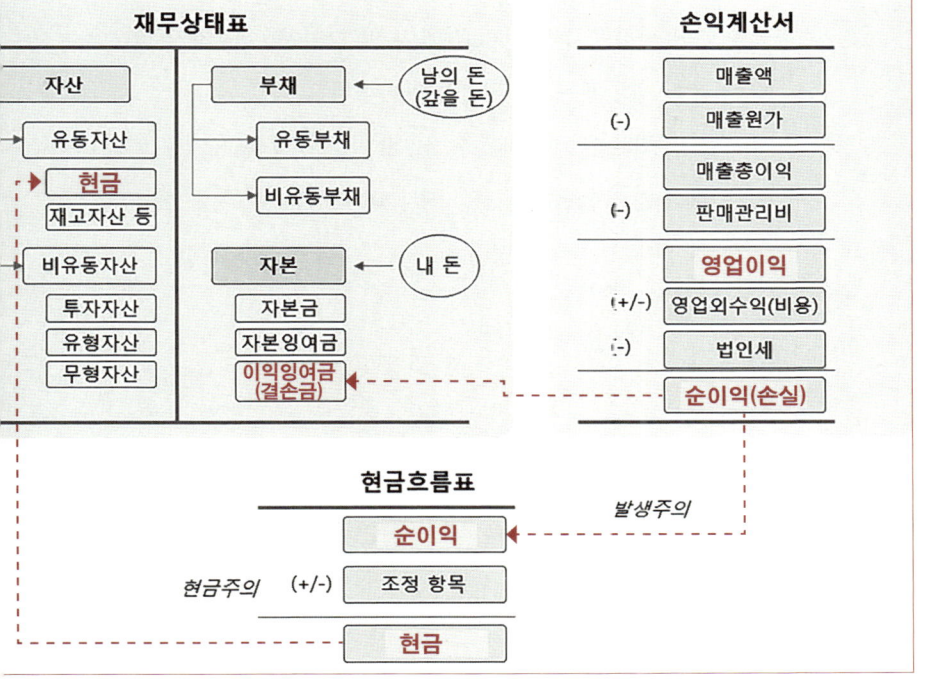

지 않은지, 혹시 재무상태표와 손익계산서에 부채와 비용으로 표시조차 되고 있지 않은지 꼼꼼히 챙겨보세요. 재무상태표와 손익계산서는 서로 밀접히 연결되어 있으니까요. 항상 함께 검토해야 합니다.

회계는 발생주의를 적용하는 이유로 손익계산서 이익과 실제 현금흐름은 다를 수 있다고 했습니다. 현금흐름표 작성을 통해 이익과 현금의 차이 내역을 파악하고, 미래 현금흐름을 예측해 보아야 합니다.

성장을 향해 쉼 없이 달려온 스타트업 경영자라면, 이제는 잠시 멈춰 서서 회사의 재무제표를 스스로 읽고 챙겨보세요. 재무제표에 숨겨진 회계 오류와 이슈는 없는지, 앞으로의 성장을 위해 바로잡아야 할 항목은 무엇인지, 이 모든 답이 재무제표 안에 담겨 있습니다.

스스로 회사의 재무제표를 들여다 볼 지혜와 용기를 가지는 것이 스케일업을 위한 첫걸음이 될 것입니다.

## 북큐레이션 • 경기 침체의 파고를 극복하는 동반자, 라온북의 책

《스케일업 30분 회계》와 함께 읽으면 좋을 책.
경영의 안목을 업그레이드해 당신의 경쟁력을 강화합니다.

100배 매출 초(超)돌파!

## 살아남는 비법을 알려주는 임사부 창업 노트

임승현 지음 | 17,000원

**실전 경험에 기반한 사업 노하우!
빠른 실행력으로 무장한 창업 멘토의 조언!**

이 책《살아남는 비법을 알려주는 임사부 창업 노트》는 그런 면에서 가장 단순한 창업의 지혜를 알려주는 모범답안이자, 가장 솔직하고 내밀한, 저자만의 가르침을 담고 있는 창업 안내서이다.
이 책의 〈제1장〉에서는 저자 임승현 사부가 어린 나이부터 사업에 미치게 된 이유와, 그의 최종 목표를 밝히고 있다. 〈제2장〉에서는 그가 창업을 시작하게 된 계기와, 특히 1000명의 사장을 만나 사업을 묻고 따지며 터득하게 된 사업의 본질과 핵심, 이를 통해 성공적인 창업을 이어가게 된 비법을 알려준다.

월 1000만 원 수익 내는 ebay의 핵심 팁 37가지

## 생초보 이베이 하루만에 끝장내기

금교성 지음 | 18,500원

**글로벌 셀러를 꿈꾸는 이들에게 제시하는
단단하고 믿음직한 기준점!**

이베이라는 플랫폼이 어떻게 돌아가는지, 어떻게 꾸준히 살아남을 수 있는지, 그리고 어떻게 한 계정을 성장시켜 하나의 '가게'로 키워갈 수 있는지에 대해 누구보다 오래, 누구보다 가까이에서 지켜보고 경험해 온 저자의 노하우를 지금 이 시점에서 다시 정리해 독자에게 건네는 이 책이, 2025년의 글로벌 셀링 환경에서 살아남고 싶은 모든 이들에게 현실적인 지도이자, 든든한 동료가 되어 다가갈 것이다.

## 100배 식당 장사의 비밀

이미나 지음 | 19,000원

**열심히 일만 하던 맛집 사장님은 왜 망했을까?
매출이 아니고 이익이 중요하다!**

식당의 절대법칙은 생존이다. 이익이 남지 않으면 살아남을 수 없는 대한민국 최대의 경쟁시장이 바로 골목식당이다. 이 책 《100배 식당 장사의 비밀》은 바로 그 전쟁터 속에서 허우적대는 골목식당 사장님들에게 건네는 《손자병법》이다. "나도 모르고 상대도 몰라 100전 100패"할 수밖에 없는 전투를 계속하고 있지 않은가? 그렇다면 지금 이 《100배 식당 장사의 비밀》을 펼쳐 들고 나의 장사를 되돌아 보자.

*그 식당 메뉴, 팔면 얼마 남을까?*

## 세금 모르면 해외구매대행업 절대로 하지 마라

서정민, 서정무 지음 | 18,500원

**나의 회계사는 세금감면만 해주나요?
아니면 나의 사업 전반을 조언하는 멘토인가요?**

극도의 경제불황으로 인해 N잡러들이 넘쳐나는 시대이다. 재고가 필요 없는 부담 없는 업종, 해외구매대행업이 소자본으로 시작하기 좋은 사업 아이템으로 각광 받고 있지만, 세금 문제를 제대로 처리하지 못한다면 번 만큼 세금으로 나가는 어처구니없는 상황이 발생할 수 있다. 이를 미연에 방지하고 사업 시작에 앞서 최적의 코칭 멘토를 만나고자 한다면 이 책 《세금 모르면 해외구매대행업 절대로 하지 마라》를, 그리고 서정민, 서정무 저자를 반드시 만나볼 것을 추천한다.

*똑같은 매출인데 왜 내 세금만 더 많을까?*